工科生学习动机研究

Engineering Undergraduate Learning Motivation

詹逸思　著

社会科学文献出版社
SOCIAL SCIENCES ACADEMIC PRESS (CHINA)

前　言

　　工程教育是国家科技核心竞争力的基础之一。国家对此在政策与资源方面给予大力倾斜，取得初步成效。然而，工科生的学习动机现已成为影响工程教育质量的核心因素。工科生学习动机的现状、问题、成因和解决方案，成为提升工程教育质量所必须面对的问题。

　　本书采取定量实证分析和质的研究的混合方法，聚焦工科生学习动机的三个问题。首先，基于 T 大学 4472 名大学生连续 4 年的实证资料，通过定量的方法分析了工科生学习动机的特点与现存问题。其次，本书在揭示学习动机现存问题的基础上，采用质的研究方法，基于建构主义的探究范式，对 14 名工科生展开深度访谈，并结合 36 名工科生学业咨询记录进行分析，进一步探究工科生学习动机的特点，揭示出其中的核心影响因素与影响机制。最后，基于前两部分学习动机现存问题和问题形成机制的研究发现，讨论了中国大学现实环境行之有效的激发策略和提升方案。

　　本书发现以下基本结论：（1）在工科生学习动机的构成方面，内部求知兴趣与外部升学驱动两类动机相对较高，而"使命感"与"自我挑战"的动机相对较低。"自我挑战"与"使命感"学习动机越强的工科生，学习过程中积极有效的学习行为更多，学业表现也更好。（2）工科生学习动机具有"两段进阶"特征。第一阶段以能力认可需求驱动为主导。只有在工科生能力认可需求获得满足之后，方能进入以自主需求为主导驱动的第二阶段。在上述的"两段进阶"过程中，现实教育环境抑制因素突出，从而使得工科生"使命感"与"自我挑战"的动机相对较低。（3）针对工科生学习动机的教育环境因素，从培养方案与课程设置柔性化、教师课程教学互动化和学习发展专业机构建设三个方面提出了可供借鉴的激发策略与维持方案。

本书发现了工科生"使命感"与"自我挑战"学习动机较低问题，建构了工科生学习动机"两段进阶"的发展模型，丰富了既有的学习动机理论。本书所提出的激发工科生学习动机的现实策略，为中国高校"双一流"建设中教育质量的提升提供了有价值的参考。

目　　录

图目录

表目录

第一章
导　言

第一节　研究背景

一　中国大学生学习动机问题持续引发社会关注

中国大学生学习动机现状受到社会的广泛关注。在 2008 年初，《中国青年报》发表专题新闻报道《厌学情绪弥漫大学校园？学习积极性为何不高？》中提到"有 52.6% 的高校教师认为'学生的学习积极性不高'"。这一调查数据来源于北京大学某课题组调查了 24 所北京高校，总计 3000 余名老师和 16000 余名学生。此次调查报告还发现，大学生厌倦学习的行为表现已经成为频繁出现的问题。例如，大学生翘课、不准时完成老师布置的作业，在休闲娱乐上花费的时间极大超过花费在学习上的时间，不参加考试以及考试挂科等（谢洋与姚娟，2008）。随后该报道被众多媒体转载，并引发了大众媒体对这次问题的集中讨论。

其实，大学生厌学、学习动力不强的问题从 2003 年以来就一直备受社会舆论关注。例如 2003 年，《福建日报》在报道《台湾三成大学生厌学》中提到："有超过九成的'夫子'们认为，和过去 10 年相比，'求学认真态度'是目前台湾大学生不如前辈的项目，也是台湾大学生整体表现衰退的主要原因"（严佳雯，2003）。2006 年，《新华每日电讯》发表《大学生厌学，应试教育留下的后遗症》一文，对沈阳航空工业学院因集中一次劝退 78 名学习成绩不合格学生的事件进行了深度报道（张晓晶；王莹，2006）。2011 年，麦可思公司发布一项调查宣称，国内约 60% 大一新生对高校入学教育持不满意的态度，在中国每一年约 50 万名大学生退学。这一调查结论使得舆论一片哗然。随后，教育部相关部门发布官方的数据显示，每学年高等学校普通本专科的学生中退学人数比例为 0.75%，即每学年约 16 万人。这些不同调查报告与数据来源显示的调研结果再次引发了如《北京晚报》、《深圳商报》等社会媒体对大学生不满高等教育、厌学的热烈讨论（张立美，2011）。

2014 年 4 月《光明日报》发表《如何看待"三个不满意"和"三个三分之一"》一文，作者表示在大学里，厌学的同学占 1/3，又一次引发社会舆论关注。每所大学基本上都存在一群厌倦学习、翘课的学生群体。他们有的是因为不感兴趣所学习的内容，缺乏持续稳定的学习动力；有的是因为基础薄弱，在学习过程中面临困难；有的是因为沉迷网络游戏等其他娱乐活动，最终导致考试不及格、不断延长学习年限，甚至被迫放弃大学学籍（周应佳与车海云，2014）。2015 年，由北京市社会工作委员会发布的《社会建设蓝皮书：2015 年北京社会建设分析报告》在有关首都高校大学生学业倦怠的调查报告发现，"大学生情绪低落，对学习缺乏兴趣；无故逃课、娱乐至上；学习过程中成就感低……"再次引起了《北京日报》等众多媒体对大学生学习动机问题的讨论（《北京日报》，2015）。

伴随着大众媒体对大学生学习动机不足的关注，大学教授们也纷纷对大学生的学习动机问题发表观点。例如，北京大学钱理群教授在"理想大学"专题研讨会上，公开指出一些大学正在培养"精致的利己主义者"。他认为这些人一旦掌握管理国家的权力，可能会对社会造成危害。这一观点被与会嘉宾上传至微博后，短时间内达到 3.5 万次转发。"精致的利己主义者"成为此后高等教育领域热议的话题。

清华大学在 2014 年举办的第 24 次教育教学讨论会中也提出了类似问题。在闭幕式上，时任校长陈吉宁教授发表讲话认为，大学目前面临的一大重要挑战是如何培养非功利心的人，怎样培养学生习得未来社会最需要的能力与价值观，避免学生人生目标功利化（陈吉宁，2014）。清华大学现任校长邱勇在《光明日报》发表《一流本科教育是一流大学的底色》一文，把价值引导提到了本科教育首要与根本的位置（邱勇，2016）。

大学本科生学习动机功利化这个问题并不仅仅存在于中国，国外许多大学的本科生教育也面临同样的挑战。其中，最有代表性的表述来自前耶鲁大学教授威廉·德莱塞维茨（William Deresiewicz）。他认为，耶鲁等美国常青藤大学已经偏离了教育的目标。在这些大学里，学生们为了完成外界期待，为了获得与他人竞争胜利所必须经历的任务而不停地忙碌着。他们在忙碌的竞赛中反而缺乏时间与空间去反思自我的人生目标，也忽略了对社会与人类的关怀（William Deresiewicz，2014）。

由此可见，大学生的学习动机是在世界范围内被关注的问题。其中，学习动力不足和学习动机功利化等话题，都有待深入地分析和讨论。而由于大学生自入学后即进入细分的专业学科领域进行学习，不同专业的大学生在学习动机上也不尽相同。作为中国大学中的重要群体，工科生在学习动机上具有一定的独特性，本书将讨论的焦点放在工科生这一群体。

二　改革开放以来工科生的学习动机在持续变化中不容乐观

工程教育是国家产业经济和科学技术的支撑基石。大学是培养高质量工程人才的主要阵地。因此，国家在政策上对大学工程教育进行了重点倾斜。例如，教育部于 2006 颁布了《教育部关于加强国家重点学科建设的意见》；从 2010 年开始，在各大高校开始实施的卓越工程师教育培养计划等。这些国家政策的颁布，是国家工程科技人才培养的战略性政策。

在政策和资源的有效投入下，高端工程人才培养取得初步成效（王孙禹与谢喆平等，2016）。此外，清华大学等三所大学进入了 2015 年《美国新闻与世界报道》（USNEWS）发布的世界大学工程类专业排名前 10 名，被普遍看作是中国大学工程教育取得的阶段性成果。

但是，仔细探察 2015 年《美国新闻与世界报道》的评估指标之后可以看出，学术科研影响力是《美国新闻与世界报道》主要考察评估内容，对人才培养质量的评估指标所占比重较小。因此，探讨中国工科教育是否达到世界一流的水平，在综合性的排名之外，还需要考察工科学生的教育因素，尤其是需要重视对工科生学习动机、学习体验以及教育微观环境的关注。

工科生的学习动机早在 1988 年就引发了教育界学者的关注。王雪生与宋川发现，工科生学习动机的主导动机为获取知识（70.33%），辅助性动机则带有明显的个人色彩，如在竞争中取胜（55.54%）和报父母养育之恩（45.64%）；而值得关注的问题是，为建设祖国的动机仅占 26.71%（王雪生与宋川，1988）。

进入新世纪以来，在已进入工程专业学习的学生中，已有研究发现，虽然工程类专业就业吸引力突出，但不易唤起工程类学生的兴趣爱好，新生以工程类专业为首选志愿的比例显著低于非工程类专业，工科生中有意转换专业的比例也明显高于非工科生（王伯庆，2013）。近几年，不少工科在校生生都在为进入热门专业做相关的知识储备。因此，工科生学习动机的有效激发与维持是影响当下国家高端工程人才培养战略实现的重要问题。

三　研究者自身教育实践中的困惑与挑战

"期末的考核我打算让大家实际应用本学期所学的方法做一个真实的研究。"某老师在课堂上向同学们征求意见。

"天呀，太麻烦了，要不就写一篇文章吧，别真的跑数据啦。"某同学说道。

这是本书作者①（以下文中"我"）在 2006 年作为学生身份亲身经历的一个课堂，随后还有同学过来做我的工作，与我协商说我们是否可以统一意见：别让老师布置那么多作业，不想让期末太崩溃。当时的我很困惑，我内心真实的想法是老师愿意教我们，给我们改作业，能学到真东西应该高兴呀，为什么反而好像是要为了老师而学呢？自此，我一直在思考这个问题。

直到 2011 年，我进入 T 大学生学习发展中心工作。T 大学理工科学生偏多，学习任务挑战性很大，平均每年有超过 1 万名本科生来寻求学习中心的指导与帮助。在辅导过程中，我见过看起来"比总理还忙碌"且疲惫不堪的学生，但他们却不确切知道自己为什么而忙碌；也陪伴过彻底失去学习动力，面对学业内心满是厌倦的学生；也见证过为了学习自己喜欢的专业，不懈努力与奋斗的学生……在这个过程中，我发现不知道自己为何而学，找不到学习意义感的工科学生相当多。这些观察引发了我的思考：在我工作的这所学校真正有内在学习动机的学生究竟有多少？我逐渐感到自己也有责任为我身边的学生做点什么，期待着在教育领域带来一点可能的改变，或者探讨出有效的措施去尝试和推广。这也可以说是我在李曼丽、张羽两位老师指导下从事这一研究的内部动机。

第二节　研究问题

一　研究目的及研究问题

从上文研究背景可看出，虽然社会对大学生学习动机有广泛的关注，却争论不一。一派观点认为大学生的学习动机不足，普遍存在拖延、厌学的情况。而另一派观点认为大学生学习动机功利化倾向明显，需要进行价值观的引导教育。这些争论一方面可能由于针对的大学生群

① 作者詹逸思博士 2006 年在清华大学教育研究院攻读硕士学位。

体的不同，另一方面可能由于大学学科专业的差异。由于工程科技人才对国家核心竞争力的重要作用，以及工科生学习动机不容乐观的现状，作者选择了工科生的学习动机进行更加深入的分析探究。于是，本研究目的可总结如下几点。

其一，更加细分地讨论工科生学习动机的特点与问题，从而揭示工科生学习动机的本质规律。本书尝试解释工科生学习动机特点，以及形成动机存在问题的背后原因，从而对工科生学习动机的变化过程进行深入的理论探讨，以便为设计更好的工科教育过程打下理论基础。

其二，探索可能解决工科生学习动机存在问题的方法，即激发工科生学习动机的教育策略。由于教育学更加关注对现实教育实践的改变，以及如何把对教育现实问题的理论分析应用于实际的教育过程。因此提出有针对性的教育策略可对目前大学工科教育实践界有所启示。

基于以上研究目的，本书包括三个部分：第一部分聚焦工科生学习动机的现存特点与问题的探索性研究。第二部分通过质的研究探索工科生学习动机变化过程的特点与机制，与现有的动机理论进行对话，探索解释工科生学习动机现存问题的理论模型。第三部分关注教育过程中抑制目前工科生学习动机的关键教育环节，探讨哪些激发策略能够改变这些关键教育环节，起到激发工科生学习动机的作用。

在确定了研究目的与内容之后，作者开展了详细的已有研究文献调研。基于已有的社会争论与学界研究，作者发现，已有研究对我国工科生学习动机的现状描述并不清晰。因此，本书研究最开始需要讨论的第一个问题自然而然聚焦为，当前工科生学习动机特点是什么？存在哪些问题？

在探究了第一个研究问题后，本书将进入第二个研究问题的讨论：存在这些问题的原因是什么？目前理论研究中，发现影响大学本科生动机的因素包括个人维度和学校维度。个人维度包括：兴趣、效能感、归因、学习策略与自主学习、元认知、消极应对方式、成就目标、学习观、家庭经济状况、家庭居住地、生存与发展、求知与完善、责任感、成功的激励、考试压力、父母的期望等等。学校维度的影响因素包括：课程设置、学校管理方式、硬件条件、教师教学、课程安排、师生关系、评估反馈、同伴、班级环境、学校规模、学校学习氛围、学校归属感和学校课业负担、教师能力等。

在以上的众多影响因素的研究成果中，一派学术观点认为教师等学校因素是影响学生学习动机的核心因素，另一派观点认为学生有效学习策略缺乏等个人因素是核心因素。那么工科生的学习动机变化过程到底是如何发生的呢？其中到底是哪些因素影响较大，以及这些核心因素之间如何相互作用的呢？这就是本书需要研究讨论的第二个问题。

在回答了第二个问题之后，可以采取哪些激发策略尝试解决工科生学习动机过程现存问题，将成为本书重点讨论的第三个问题。

因此，本书重点关注的研究问题可以归纳如下三个：工科生学习动机的特点与目前存在的问题是什么？产生工科生学习动机现存问题的教育环境主要原因是什么？如何解决工科生现存学习动机问题？

二　核心概念界定与说明

为了更严谨地展开理论研究，首先我们对本书研究中涉及的工科生、学习动机、激发策略三个核心概念进行界定。

工科生（Engineering Undergraduate）：接受工科本科教育的学生。工科是中国本、专科高等教育的科类之一，大体相当于联合国教科文组织《国际教育标准分类》中的工程学及建筑和城市规划的一部分，包括地质（工程）学、矿产、冶金、材料、机械、仪器仪表、热工、电气、电子、通信、土建、水利、测绘、环境、化工、轻工、运输等相关专业。本科教育（Undergraduate education）是高等教育的中级层次，与专科教育、研究生教育构成高等教育的三个层次。在中国，修业年限一般为四年，合格者毕业时发给本科毕业证书并授予学士学位（《大辞海（教育卷）》，2014）。本研究关注的对象，相当于在联合国教科文组织（UNESCO）2011年修订的《国际教育标准分类法》中第五级中的5A2

级别，培养学制 4 年及以上，不含 2~3 年学制的 5B，专科、高职教育阶段的学生（联合国教科文组织研究所，2011）。

学习动机（Learning motivation）：学习者发现学习活动有意义、有价值并尽力从中得到预期学习收益的倾向（顾明远，2012）。有学习动机的学生，不管所学习的内容或学习的过程是否有趣，都会努力地去理解所学习的内容，因为他们相信最终得到的理解是有价值的。学习动机有内部动机和外部动机的区分，前者指由学习活动本身的意义和价值引起的动机，动机的满足在活动之内；后者指由学习活动的外部后果引起的动机，动机的满足在活动之外（顾明远，2012）。本书在第一部分定量研究中将学习动机分为内部动机和外部动机，知识兴趣与自我挑战构成内部动机，使命感、升学需求、就业需求、父母期待与同辈影响构成外部动机。

激发策略（Intervention Strategy）：激之使奋起的计策谋略。激发：激之使奋起。《后汉书·黄莆规传》："芳（胡芳）曰：'威明（皇莆规字）欲避第涂（途）'故激发我耳"。策略：计策谋略，适合具体情况的做事原则和方式方法（《大辞海》，2014）。在本书中讨论的激发策略包括培养工程人才目标多元化、培养方案与课程设置自主化、教师课程教学互动化、学生学习与发展指导专业化四个层面提出了一系列可供借鉴的激发策略与方案。

第三节　潜在意义

一　理论意义

本书试图在前人研究的基础上做出有意义的工作。首先，本书尝试通过定量研究方法采用一手调查数据描述、刻画新时代工科生学习动机的现状和存在的问题。这一部分的实证研究将更新新世纪以来该领域研究的最新进展。文献调研发现，2000 年以后，教育研究界少有文献专门系统地研究工科生的学习动机问题。因此，本研究专门关注工科生的学习动机问题，一方面弥补了教育学界对这一重要话题讨论的缺位，另一方面也为大学本科生分类教育的进一步讨论提供理论依据。

其次，本书研究采用了自我决定理论视角，不仅对该理论的跨文化解释进行了反思，也通过质的研究进行了该理论阶段特征的拓展。学习动机是关乎教育学根本的问题，受到了心理学、教育学学者们长期的关注。因此，教育心理学领域有众多学者应用不同流派的动机理论解释学生学习过程的动机现象。最近 5 年，自我决定理论是动机研究领域最前沿的理论之一。然而已有的理论研究证据大部分基于国外学生的研究样本，是否能解释具有不同文化背景、不同专业学科特点的学生学习动机过程呢？中国工科生的学习动机变化过程是否有其独特的规律呢？这都有待提出新的研究证据。本书通过混合研究方法，与自我决定理论进行对话，从而拓展丰富了该理论的跨文化解释力度。同时，基于与该理论的对话，本书发现的工科生学习动机变化过程模型中有部分本土特点，这些发现都将为动机理论提供更加多元化的解释视角。

最后，在方法论上，本研究探索出了行之有效的混合研究方法。通过已有文献综述发现动机研究领域定量研究偏多，2000 年之后定性研究开始兴起。然而，定量研究法和定性研究法均有各自的利弊。例如，已有的定量研究在研究样本数量方面有一定的局限。于是，本书研究使用了计量经济学中常用的混合截面模型来处理不同年份的混合截面数据，从而增大样本量，提升证据的信效度。针对定量研究忽略个体心理过程、个性化新因素的特点，作者在第一部分定量研究后，采取了质的研究方法，解释工科生学习动机变化过程。这种混合研究方法的设计使得工科生学习动机过程被还原地更加深入、丰富。这种递进地混合式研究方法的采用，也为将来的研究者提供可供借鉴的研究路径。

二 实践意义

本书研究的实践意义包括国家教育政策实施、学校教育教学改革、教师教学与学生学习等多个方面。

本书将促进中国高校的"双一流"建设工程、卓越工程师教育培养计划更好实施。本研究关注的工科生学习动机研究成果有利于激发现工科生的学习动力，一方面可以优化教育教学过程，让已在工科本科学习阶段的学生更加乐于学习，从而提升工科人才培养质量；另一方面，有利于工科生产生对工程专业的认同感，让一批优秀的本科生继续选择工科进行研究生的深造，改善工科面临的生源流失问题。这些工作对于继续保持一流学科与一流学校的建设，以及卓越工程师的培养都具有支撑意义。

激发策略方案可供教育管理部门决策者、教师与学生改善现状使用。针对发现的教育环境影响工科生学习动机因素，本书调研梳理了培养工程人才目标多元化、培养方案与课程设置自主化、教师课程教学互动化、学生学习发展专业指导机构建设四个方面激发策略与方案。这些方案有益于教育主管部门和工科课程教师理解工科学生的学习规律，在实际的教育环节激发工科生的学习动机。例如，在学校层面，本书探讨的激发策略是在教育管理设计环节可改变的干预策略。它们可以被采纳到各个高校的教育教学管理改革工作中，从而促进"双一流"建设借鉴。再例如，本书在教学与学习微观层面进行有针对性的最新教学法与咨询法的介绍，都可以被教师在课程设计、教学方法选择、现场教学以及个体辅导等过程中采纳。于学生而言，对自身动机过程的理解，也能帮助他们更好地应对自己在学习过程中面临的学习动力不足的挑战，从而探索如何保持学习动力，顺利完成学业。

第二章

文献综述

本章将围绕学习动机、工科生与激发策略三个关键词，展开已有研究文献的梳理与评述。由于国外与国内的学术研究所关注的主题与研究方法均有较大的差异。因此，本书采取了国内国外分开叙述的写作思路，从而更加清晰地绘制针对工科生学习动机研究问题的学术地图。在分门别类地按照三个关键词进行了学术研究文献梳理之后，作者对已有研究进行了综合的评述，从而清楚阐释本书研究的潜在学术贡献，为后续研究设计的展开奠定理论基础。

第一节　关于学习动机研究回顾

学习动机学术史可以被分为两个阶段：19 世纪末至 20 世纪末，新世纪至今。19 世纪末至 20 世纪末间关于学习动机学术探讨又可分为三个阶段：起始时期（19 世纪末至二战前后），形成时期（二战后至 20 世纪 60 年代），聚焦和理论发现黄金时期（20 世纪 60 年代至 20 世纪末）。

一　19 世纪末至 20 世纪末学习动机研究

在起始时期（19 世纪末至二战结束前后），由于本科教育的入学率较低，学科的分化还未呈规模，大学生学习动机并未引起广泛的研究。学习动机在教育学界被系统阐述，可以追溯到美国教育学家杜威《学校与社会·明日之学校》一书的出版（杜威，1899）。在该书中，杜威针对学生学习热情难以持久的问题，系统地阐述了兴趣、努力、思维和动机之间的关系（杜威，1899）。他将兴趣分为四类：学习的本能、使用中介工具工作的兴趣、纯粹理智（发现）的兴趣、社会兴趣（杜威，1899）。

至此以后，学习动机开始得到更多学者的关注，是源于对学习动机与学习效果之间相关关系的好奇。例如，耶基斯和多德森（Yerkes & Dodson，1908）通过实验发现，学习任务难度的差异会影响学生的学习动机水平。当学习任务难度比较大时，处于较低学习动机水平的学生反而会有较好的学业表现；当学习任务难度中等时，中等水平的学习动机学生学业表现较好；当学习任务难度较小时，学习动机水平较高的学生学业表现较好（Yerkes and Dodson，1908；付建中，2010）。然而，学习动机研究形成一个研究领域，还需要追溯到动机理论研究的形成期。

二战以后，动机问题研究迎来了第一个热潮，构成了动机研究领域的形成时期（二战后至 20 世纪 50 年代末）。在这个时期，学术界涌现出驱力论、诱因论和需要论等。这些理论流派至今仍然影响着人们对学习动机的理解与深入研究。动机心理学家杨（P. T. Young，1941，1950）和马格斯（M. Marx，1960）研究了动机研究史，分别于 1941 年、1950 年、1960 年在《教育研究百科全书》中撰写了动机章节。他们认为这一时期动机问题研究主要包括：需要和活动水平、食欲和厌恶、平衡和体内平衡、化学控制、神经结构、诱因、防御机制、动机程度。在教育方面的应用包括表扬与责备、成功与失败、结果的认识、合作与竞争、奖励与惩罚（Weiner，1985；张爱卿，2002）。

20 世纪 60 年代至世纪末是学习动机多种理论集中涌现的时期。在这一阶段，动机研究不断发展出的理论包括：联结理论、驱力理论、精神分析理论、归因理论、成就动机理论。详细的研究主题列表如韦纳的归纳（Weiner，1985；张爱卿，2002），如下表 2-1：

表 2-1 学习动机研究主题归类列表

时 期	1960	1969	1982	1990
作 者	M. 马格斯	B. 韦纳	S. 贝尔	B. 韦纳
内容	理论 技术 驱动与学习 驱力与挫折 驱力与动机的激活 奖赏 结果的认识 害怕 焦虑 唤醒	理论：联结 驱力 认知 精神分析 主题： 好奇（探索行为） 交往 不平衡（失调） 挫折 攻击 与心理过程的关系： 学习、知觉、记忆	归因理论 成就动机 焦虑 好奇 较小的领域： 志向水平 交往 生物化学 关联作用 强化理论	认知： 原因归因 自我效能 习得无助 个体差异 成就需要 对失败焦虑 控制部位 归因方式 环境决定因素： 合作与竞争 （目标结构） 内部与外部奖赏 表扬

说明：该表引自韦纳（Weiner），1990；张爱卿，2002。

在该阶段，选择大学生为对象的学习动机研究逐渐增多。例如，巴塔尔和弗里兹等对大学生进行了归因实验研究，发现大学生对成功或失败的主要归因包括努力、能力、运气和他人（Bar-Tal and Frieze，1976）。埃利希和弗里兹对大学生进行了字谜游戏归因的实验研究，发现努力和情绪两个显著的归因要素（Elig and Frieze，1979）。

关于中国大学生学习动机的学术研究起始于 20 世纪 70 年代末，80 年代初是初期研究成果集中出现的时期。例如，由湖北省心理学会大学生心理研究组，于 1981 年对武汉地区 7 所高校 536 名学生开展了调查研究。该研究结论显示，当时大学生的学习动机约有 40 多种，内容与人生观内容相似度较高；大学生的学习动机中志向远景性的目标较多；由于学生的年龄与社会经历的不同，动机的深刻性也不同（湖北省心理学会大学生心理研究组与胡德辉，1981）。不久之后，大学生心理研究组叶慧珍以上海市十所高校文、理、工、农、医、艺、体、和外语等专业的 946 名大学一、二、三年级学生为调查对象，分析了他们的需求和学习动机（叶慧珍，1982）。

此后，中国大学生的学习动机问题的研究逐渐增多，其中包括两大部分：一是以不同学科教学为代表的学习动机问题研究，包括英语、体育、物理、数学等。其中英语和体育专业得到了特别重视，相关研究文献较多。例如，最早由冯仪民（1983）翻译，杰夫等学者发表的研究文章《大学公共英语教学结合某一专业学科的实验》（Jeff & Lillia，1983）开启了英语课程学习动机研究之先河。徐明欣、武孝贤、王开林三位学者于 1977 年运用教学实验法和纵向法，分别对任教的 98 名体质差生的学习动机发展的阶段性，进行了追踪研究，并于 1983 年发表《对体质差的大学生体育学习动机形成规律和教育方法的研究》（徐明欣与武孝贤等，1983）。二是对大学生学习动机与兴趣类型和特点的研究，包括不同地区、专业、年级和性别的差异特点（武珍与傅安球，1984；叶忠根，1986；蔡鼎文，1987；胡复与李尚凯，1987；王子献与全穆昇等，1987；夏应春与蔡祖端等，1988；赵为民，1994；毛晋平，1995；熊晓燕，1997）。例如，中国社会科学院社会心理研究所李庆善、石秀印、杨宜音主持的"关于大学生学习动机的调查研究"对全国 11 所大学抽样了 1679 名学生研究发现，奉献是大学生最主要认同的学习动机（李庆善与石秀印等，1988）。

对中国工科生的学习动机进行专门研究的最早文献是王雪生与宋川于 1988 年发表在《高等工程教育研究》上的《工科大学生学习动机的调查与分析》。该研究发现，工科生学习的主导动机为获取知识（70.33%），辅助性动机带有明显的个人色彩，比如在竞争中取胜（55.54%）和报父母之恩（45.64%），为建设祖国的动机仅占 26.71%。由此，他建议大学需要充分重视对他们的前期教育（王雪生与宋川，1988）。

二　新世纪国外学习动机研究的总体情况

从世纪之交至今，全球高等教育发生了日新月异的变化，最为突出的是全球化、信息化和亚洲高等教育扩张与改革三个趋势。由于这一时期国外大学生的学习动机英文文献较多，为了更加全面地掌握新时期动机研究的整体状况，作者采用了"科学知识图谱"的文献分析方法，利用信息提取的方式对本领域内的论文数据进行分析，并实现可视化。在此基础上再通过文献文本分析，实现从时间、领域、研究问题等层面对大学生学习动机前沿研究的发展进程、相互关系与演进规律的研究。

具体来说，本部分文献综述选择科学网（Web of Science）核心数据库合集（包括 SCI-EXPANDED，SSCI，A&HCI，CPCI-S，CPCI-SSH，CCR-EXPANDED，IC）作为来源数据库，检索条件为 WC = Education & Educational research AND（TS = university OR TI = university OR TS = college OR TI = college OR TS = undergraduate OR TI = undergraduate）AND（TS = Learning motivation OR TI = Learning motivation）[①]，检索时间段为 1998~2015 年，截止到 2015 年 3 月，共筛选出 1487 篇文献。随后，作者采用由陈超美教授等人开发的科学知识图谱软件 Citespace 程序进行数据处理分析（Chen & Chen et al.，2009）。该程序利用文献共被引网络以及高被引文献间关联网络进可视化，其以分时、动态和可视化的特点成为近期科学计量学中一款应用普遍的软件。

通过数据分析发现，国际大学生学习动机学术发表数量增长显著，是被持续关注的热点问题。该领域的发文数量总体保持上升的大趋势，从增长的变化可以分为两个时间段：1998~2006 年，发文数量一直缓慢地提高，但稳定在每年 50 篇以下；然而从 2006 开始，发文数量翻倍突破为每年 50~69 篇，从 2009 年开始，大学生学习动机研究领域每年发文数量突增超过 100 篇，2013 年增加到 273 篇，达到了 16 年以来的研究顶峰。接下来，作者对主题、关键词等内容进行了分析，基本结论如下。

首先，新世纪大学生学习动机国际热点研究主题分布广泛。作者对 1466 篇文献的聚类特征，选择每年被引次数最多的 150 篇文献，形成一个研究热点的"核心数据库"，再使用 Citespace 对研究热点进行聚类

---

　① WC = Web of Science 分类，TS = 主题，TI = 标题。

分析，并使用 LLR 算法来为每个聚类从摘要中归纳总结出核心短语，得到前十类热点聚类标签如下表 2-2 所示。由于本研究所采用的 web of science 数据库中 SSCI 子库是从 1998 年开始收录的，为保证数据的可靠性和可对比性，本部分的文献数量时间分布分析针对 1998～2014 年间发表的 1466 篇文献。表中频率指出现聚类的标签次数。Silhouette 值体现的是聚类内部各文献之间的相似程度，越接近于 1，则表示该聚类内的同一性越好，约接近于 0 表示文献间的差异度较大。

表 2-2 大学生学习动机研究领域前十类热点聚类标签

序号	频率	Silhouette	聚类标签
1	184	0.406	自我调节学习（self-regulated learning）；学术动机（academic motivation）；关系探索（exploring relationship）；价值再塑干预（value-reappraisal intervention）
2	165	0.526	多种认知过程（various cognitive process）；综合的框架（integrative framework）；实证分析（empirical analysis）
3	162	0.689	第二外语（second language）；外语成绩（foreign-language achievement）；人口统计学预测变量（demographic predictor）；
4	111	0.77	意义（meaning）；理解性学习（understanding learning）；身份认同（identity）
5	103	0.833	在线学习（e-learning）；互联网经历（internet experience）；实证研究（empirical investigation）；
6	61	0.87	关键问题（critical issue）；预测能力（predictive power）；主题知识（subject-matter knowledge）；21 世纪（21st century）
7	58	0.931	韩国文化（Korean culture）；复学动机（reentry motivation）；大学毕业女性（university-graduated women）
8	48	0.968	内容熟悉（content familiarity）；有效教学（effective teaching）；学生成绩成果（student achievement outcome）
9	45	0.889	不同学科（different discipline）；不同动机（different motivation）；学术研究（academic research）；学生成功（student success）
10	43	0.994	学院成果（college outcome）；理解教师参与（understanding faculty involvement）；住宿区学习社区（residential learning communities）

从表 2-2 可以看到，大学生学习动机研究领域具有五大研究热点：（1）自我调节（self-regulated learning）理论的研究。该部分研究之间的差异性最大，说明不同的学者对自我调节有着多方面多维度的分析，是该领域新时期较为主流的理论框架之一。（2）多种认知过程、综合的理论框架与学习动机的关系研究，这两类主题均以实证性研究方法为主。因此除了自我调节这一认知理论范式对学习动机影响的研究以外，认知心理学派仍有多个其他的理论来解释学习动机的变化，而且心理学以其特有的实证研究的方法论不断完善着这一主题的研究。（3）第二外语学习成效与动机的关系分析。由于第二外语学习广泛的实践基础，因此在动机研究中一直是一个经久不衰的主流研究领域。聚类标签中还有人口统计学的预测变量，这也与第二外语学习者的特点密切相关，不同背景的学习者可能在第二外语学习的动机与表现中有较大的差异。（4）理解性学习、身份认同与学习动机之间的关系研究。这一部分是教育心理学领域相对于认知学派，偏社会心理学范式的研究热点。（5）基于信息技术支持学习过程中的学习动机研究。随着网络课程、计算机等高科技教学平台与技术在教育实践中的广泛应用，越来越多的研究者开始关心在新的技术支持的教学下学习者的动机影响机制。该领域比较有影响的理论包括技术接受模型（TAM）、自我决定理论（Self-determination Theory），而且由于其特有的自然科学起源，在方法论上崇尚实证研究，其中香港的学术同仁在此领域有着国际领先的优势。

除了以上五大主题以外，其他研究内容可以归纳为三大类领域：第一，基于不同学习内容的动机问题研究。分学科来看，有数学、物理、化学、医疗卫生等学科教学中的动机问题被学者关注较多。从知识性质类别来看，有基于主题知识、整合性课程知识和应用性知识教学中的学习动机问题，还有读写能力提升中的动机影响因素分析。第二，促进学生学习动机干预策略的有效性研究。这些策略包括教师参与投入、问题解决性学习、基于案例学习、小组学习、计算机辅助教学、住宿学习社区构建等教育实践中探索使用的教育政策或者教学模式。第三，基于各种特殊人群的学习动机研究。比如女性学习者、延期毕业学生、韩国生等不同文化学生群体的动机现状与影响因素研究。从此也可以看出本科生学习动机领域涵盖较广，是学习过程中不可不关注的核心要素，因此涉及的相关研究主题也较多。

其次，自我决定理论是国际研究热点。为了更清晰地呈现不同年份研究热点的变化趋势，作者利用 Citespace 的热点探测功能从时间演化角度来归纳研究热点关键词的时间演变规律，得到的结果如图 2-1 所示。

前9个研究热点关键词

关键词	年份	强度	起	终	1998~2014
课堂	1998	3.9021	1998	2000	
掌握	1998	3.5687	2000	2003	
知识	1998	3.7448	2002	2006	
反馈	1998	4.012	2010	2011	
技术	1998	3.1127	2010	2010	
设计	1998	2.9423	2010	2010	
大学	1998	3.4548	2012	2012	
移动学习	1998	3.039	2012	2014	
自我决定论	1998	2.9912	2013	2014	

图 2-1　大学生学习动机领域国际研究的高频关键词爆发时序

从图 2-1 中可以看出几个值得重视的关键词变化趋势。首先，1998~2006 年出现了三个爆发性的关键词：课堂（classroom）、掌握（acquisition）和知识（knowledge）。这说明该阶段研究问题主要围绕着传统课堂、知识传授以及掌握过程中的动机。其次，2010~2012 年在大学生学习动机、研究领域出现了三个爆发关键词：反馈（feedback）、技术（technology）、设计（design）。通过进一步的文本分析发现该阶段由于电脑技术与互联网等在线学习技术的发展，尤其是 MOOCs 这种新的非传统教育模式下，带动了大学生学习动机的大量研究。最后，在2012~2014 年出现了两个新的爆发关键词：移动学习（mobile learning）

和自我决定理论（self-determination theory）。通过进一步文本分析发现，基于手机等移动终端的学习新方式引起了新的研究热潮；而在动机理论研究领域，自我决定理论是大学生学习动机领域的理论热点，尤其是应用到了网络、移动等新技术教育手段平台的学习模式研究中。

在了解了最新研究内容热点后，文本还对大学生学习动机领域活跃与影响力较大的学者进行了分析。其中，保罗·平特里克（Pintrich）是在大学生学习动机研究领域被引用最多的学者，在动机研究领域的卓越贡献主要来自其对认识信念（epistemological beliefs）、自我调节学习（self-regulated learning）与学习动机之间的关系。该学者于1990年发表在《教育心理学学报》（*Journal of Education Psychology*）上的文章《课堂学业表现的动机与自我调节要素》也是被引率最高的文献。该研究发现自我效能（self-efficacy）、内在价值观（intrinsic value）与课堂学业投入和表现呈显著正相关；自我调节能力（self-regulation）、自我效能（self-efficacy）和考试焦虑（test anxiety）是预测学业表现的重要指标（Pintrich and De Groot，1990）。

齐默曼（Zimmerman）是纽约城市大学的教育心理学特聘教授，他在教育心理学以多产而著名，有影响力的研究主要集中在动机与学习，尤其是自我调节学习的相关研究（Zimmerman，1990）。

阿尔波特·班杜拉（Albert Bandura）以其社会学习论著称，曾任美国心理学会主席。在大学生学习动机研究领域，该学者于1997年发表的著作《自我效能：控制的练习》（Self-Efficacy：The Exercise of Control）一书中提出的自我效能概念被众多学者所引用（Bandura，1997）。

戴尔·申克（Dale Schunk）聚焦在社会和组织因素对认知、学习、自我调节和动机的影响。申克以其《教育中的动机：理论、研究和应用》一书被高频引用（Schunk and Meece et al.，2012）。

爱德华·德西和理查德·瑞安以其出版于1985年的专著《人类行为的内在动机与自我决定理论》系统阐述了自我决定理论（self-determination theory）（Deci and Ryan，1985）。该著作被引用的趋势持续走高，即使在大学生学习动机领域研究总体数量下降的 2014 年其被引用的次数却反而持续走高。

卡罗尔·艾姆斯（C. Ames）在文章《教室：目标、结构和学生动机》中验证了课堂氛围与动机的成就目标理论的相关性（Ames，1992）。卡罗尔·德韦克（Carol S. Dweck）和爱伦·莱格特（Ellen L. Leggett）1988 年发表于《心理学评论》的文章《动机和个性的社会认知方法》从社会认知的角度构建了个人如何内隐地设定不同模式目标的模型（Dweck and Leggett，1998）。

另外一位被爆发性引用的学者是韩国大学教授约翰玛士尔·里夫（Johnmarshall Reeve），他的研究兴趣聚焦在动机过程与促进策略，尤其是基于自我决定理论（Self-Determination Theory）对教师教学过程中提升学生学习动机策略的研究被大学生学习动机研究领域的相关学者引用较多（Reeve，2002）。

艾伦·威格菲尔德（Allan Wigfield）是美国马里兰大学教育学院的教授，他的研究兴趣聚焦在动机和自我意识的发展与社会化（Development and socialization of motivation and self-concept）、性别差异、成就动机、自我调节与学习、读写动机。该学者在 2002 年出版的著作《成就动机的发展》（Development of Achievement Motivation）中系统地梳理了儿童在学校中的进步与动机相关的理论与研究，以及性别、种族存在的动机差异，并就认知、音乐和体育等不同领域的能力发展与动机关系进行了多维度阐释（Wigfield and Eccles，2000）。除了以上三位文章被引用率较高的学者以外，在 2013 年和 2014 年被爆发性引用的匹克若（R. Peekrun）、本森（P. Benson）、皮仕特（M. Paechter）、若卡（J. C. Roca）和赫尔曼（C. S. Hulleman）5 位学者的研究也非常值得关注。

三　新世纪国内大学生学习动机研究现状

进入新世纪以来，随着中国大学的扩招，中国大学生学习动机的现实问题也逐渐显现，因此相关的研究也越来越多。作者统计了中国知网发表的大学本科生学习动机中文文献数量，如图 2-2 所示：

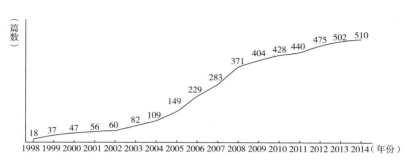

图 2-2 1998~2014 年中国知网收录大学生学习动机问题研究中文文章数量变化

通过分析，这些研究文献的主题内容主要可分为三类：大学生学习动机结构，大学生学习动机特点与问题，大学生学习动机相关因素研究。

学习动机结构的国内研究中，池丽萍等学者对于内外动机的划分和研究是典型代表：挑战性和热衷性构成内部动机；外部动机包括依赖他人评价、选择简单任务、关注人际竞争和追求回报（池丽萍与辛自强，2006）。朱祖德等认为，内在目标、学习控制感、外在目标、学习意义感等六部分构成学习动机主要内涵（朱祖德与王静琼等，2005）。田澜等编制了大学生学习动机问卷，把大学生学习动机归并为求知兴趣、能力追求、声誉获取和利他取向四个维度（田澜与潘伟刚，2006）。肯伯·大卫（Kember David）等学者采用质性研究得出香港大学生注册本科学位开展学习的初始动机六种取向：服从（compliance），个人目标设定（individual goal setting），大学生活方式（university lifestyle），归属感（sense of belonging），职业（career）和兴趣（interest）；该研究将个人目标和归属感两个维度相结合，解决了已有文献中国文化下个人和社会驱动成就动机的分裂问题（Kember and Ho et al.，2010）。秦晓晴等研究发现，可控归因、学习兴趣、自我效能、远期学习目的、近期学习目的、目标定向多个变量互动构成了学习动机的内部系统（秦晓晴与文秋芳，2002）。

关于中国大学生学习动机特点，已有研究发现，不同性别的大学生学习动机有显著差异（池丽萍与辛自强，2006）。大学生的学习动机存在明显的年级差异（刘淳松与张益民等，2005；张宏如，2005）。不同成绩段的学生在内部动机上有显著差异（易晓明与李斌洲等，2002）。

大学本科生学习动机现存问题讨论则是众多学者研究的重点。首先，学习拖延现象普遍存在。学习拖延的主要原因是学习动机不足、时间管理技能缺乏、消极情绪影响等因素（庞维国与韩贵宁，2009）。其次，英语、体育等专业学科学习过程中大学生学习动机不足会导致学生学业表现与教师教学效果欠佳（赵庆红与雷蕾等，2009）。例如，大学生在学习体育时，动机强度一般的占 21%，动机强度弱的占 42%（胡红与李少丹，2000）。

学习动机相关因素的研究成果颇丰。在个人因素维度上，已有研究发现自我效能感（黄文锋与徐富明，2004；池丽萍与辛自强，2006；李昆与俞理明，2008；王学臣与周琰，2008；李斑斑与徐锦芬，2014）、归因（孙煜明，1994；秦晓晴，2002；张庆宗，2002；李昆与俞理明，2008）、学习策略与自主学习（朱祖德与王静琼等，2005；赵俊峰与崔冠宇等，2006；李昆与俞理明，2008；华维芬，2009；李昆，2009；王风霞与陆运清，2009；倪清泉，2010；曾志宏，2013）、元认知（胡志海与梁宁建，2002；张宏如与沈烈敏，2005；王晓静，2014）、自我概念（朱丽芳，2006）、自我认同（许宏晨与高一虹，2011）、消极应对方式（赵俊峰与崔冠宇等，2006）、成就目标（毛晋平，2002；朱丽芳，2006；李斑斑与徐锦芬，2014；于森与许燕等，2015）、学习观（刘儒德，2002；王学臣与周琰，2008）、家庭经济状况（王殿春与张月秋，2009）与学习动机之间的显著相关关系。

学校层面的影响因素也有较多发现，例如在学校管理层面，不同形式的评估反馈（杨春与路海东，2015）、学校管理方式、学校条件限制、课程安排不合理等（万俊，2008）。学校规模、学校学习氛围、学校归属感和学校课业负担也是学校层面影响学生学习动机的因素。除此以外，教师、同伴和班级环境对学生学习投入也有较大影响，其中教师影响是重中之重（张娜，2012）。已有研究表明，师生关系（王佳权，2007）、教师能力与教学风格、有效学习策略缺乏对学习动机的影响效果不可忽视（周慈波与王文斌，2012）。随着信息技术对学生学习的影响，牟智佳等深入分析了 13 个影响学生网络学习动机的因素以及之间的结构量化关系（牟智佳与张文兰，2013）。

第二节　关于工科生的研究回顾

一　国内工科生相关研究

作者以"工科生"、"学习动机"为关键词搜索发现，中国知网数据库的相关文献较少。于是，作者又以"工科学生"、"人才培养"为关键词在中国知网数据库进行检索，总共查询到 269 篇相关的研究文献。这些研究主要聚焦在三个方面：外国工程技术人才培养项目的比较研究；工程教育国际化趋势对工科生培养的挑战与应对探讨；实现工程人才培养各类目标的有效培养模式与课程教学的研究。

首先，外国工程技术人才培养项目代表性的研究，主要集中在国外工科人才培养实践的特色与前沿改革研究。例如，雷庆等学者对美国科罗拉多矿业学院的"人道主义工程"副修计划进行案例研究，介绍该项目如何对工科生社会服务精神与责任感的培养（雷庆与胡文龙，2011）。李正等学者以美国佐治亚理工学院为案例，分析了该学院实践课程设置的发展历史与最新设置，从中对我国工程教育实践课程设计改革的启示（李正与唐飞燕，2017）。田逸对美国高校工程实践能力培养的案例研究（田逸，2007）等。值得一提的是，胡文龙讨论了西方工程教育领域常用的三个学习风格研究工具，建议教师基于这些工具的应用改进教学方法，将比较研究推进到教学实际操作的借鉴层面（胡文龙，2016）。

其次，自中国高校加入"华盛顿协议"，开启了工程教育国际认证进程之后，高校工科生培养面临诸多挑战。因此，引发了一批研究聚焦在工程教育国际化趋势对中国工科生培养的挑战与应对探讨。以华尔天等学者的研究为例，他们研究了国内高校加入"华盛顿协议"并参与国际认证的进程，指出学校应当把学生学习结果的观念融入工科生培养的各个环节（华尔天与计伟荣等，2017）。另外一些学者则探讨了其他的微观问题，如从培养目标和方案、课堂教学、实践教学等环节加强对普通本科院校的技术应用能力培养（姜树余，2006）。专业工程师和技术工程师采用怎样的分类培养模式（蒋石梅与闻娜等，2017）。围绕国际专业认证中的通用标准，C 语言课程教学如何从学生、目标和改进三个方面尝试课程教学改革，以及如何应对学习困难和编程能力较弱的学生等实际问题的思路（罗卫敏与王令，2017）。

最后，如何有效实现工程人才培养各类目标的研究，成为工科生人才培养的主流话题。现实社会经济发展变化对工程技术人才培养提出了新的期待。基于工业界对创新工程人才的需求，要以项目完成、问题解决的价值链逻辑替代以往的学科逻辑（李茂国与朱正伟，2016）。基于此，研究者们探讨了多方面的有效实现思路与教学策略。例如，基于汕头大学发起的工程教育改革实践的工程人才培养的科学系统的建造（顾佩华与胡文龙等，2017），基于设计的工程教育（DBL）培养形式（邹晓东与姚威等，2017）；革新工程教育理念、建构课程体系、提升教师素养对提升工科生的工程与创新能力的关联（顾秉林，2014）。浙江大学的改革实践中，如何实现工科生创新、问题解决、人文精神与团队协作等能力的培养（潘云鹤，2005）。喻丹等发现，工科生学习效果受到不同培养模式的过程性指标影响，需要建立过程学习效果评价机制，从而引导培养效果（喻丹与杨颉，2014）。

在工科生课程教学策略探索方面，范杏丽发现，双语公共选修课对提升工科生人文素养具有特殊的价值（范杏丽，2010）。另外一些学者指出，默会性知识为导向的工科项目适合优秀的学生，能够促进他们解决实际问题、专业知识学习和自主学习能力、沟通能力的提升（刘莉与王宇等，2017）。校内的产学研结合可作为一条有效的培养工程技术人才的模式，提高工科生的工程实践与创新能力（房贞政与黄斌等，1998）。对于工程师需要具备的企业家素质，则需通过在第二课堂提高通用管理能力，并从观念、完善教育体系以及师资队伍建设等方面加强（袁慧与于兆勤等，2007）。

除了以上三部分的研究主题以外，已有文献还包括工科生培养过程中的其他问题研究。例如，从工科生就业竞争力的角度看，我国高等工科院校缺乏个性与特色是影响工科学生就业的核心因素（姜远平与刘少雪，2004）；培养工科生过程中在注重理论基础的同时，需要培养应用技能，从而帮助工科生更适应市场的人才需求，实现就业（林钦，2008）。

二 国外工科生相关研究

作者以"工程本科生"（Engineering Undergraduate）和"学习动机"（Learning Motivation）作为关键词，在科学网（Web of Science）数据库中搜索获得了385条与工科生学习动机相关的研究文献。国外的工科生学习动机文献研究主题可分为三类：基于不同的课程学习动机激发策略，激发工科新生专业学习兴趣的有效策略，工科生学习动机影响因素研究。

首先，工科课程教学方法创新以及对应教学效果研究，是国外工科生学习动机研究聚焦最多的问题。例如，艾兹庞（Aizpun）等提出大学和行业合作的新教学法，旨在促进工科生创造力、团队合作、解决问题、领导能力和创新能力的培养。具体来说，可以创建一个学生社区的特定公司，让学生能够处理真正的行业项目，并应用他们在课堂上的理论与技术学习。这项研究证明，大学和产业合作的方法有益于学生和行业对工程人才能力素质需求的匹配（Aizpun and Sandino et al.，2015）。另一项典型的研究表明，在工程概论课中使用现场移动机器人、线上机器人，以及教师给工科生提前预告下一年的课程等策略，可以增强工科生的学习动力，让他们的辍学率更低。在使用这些教学策略的概论课上，对学生进行匿名调查结果显示，100%的学生认为这些方法有助于他们更好地学习编程，超过94%的学生肯定项目帮助他们更好地学习如何解决问题（Aroca and Watanabe et al.，2016）。德克斯（Dekkers）等探讨了教师如何形成评估反馈机制，促进学生对课程内容的理解（Dekkers and Howard et al.，2015）。海博（Hieb）等介绍了学院如何与大学学习专业服务机构合作，形成暑期干预计划的模式。通过这种有效干预，让更多的工科生度过工程数学等困难课程的学习，从而提升学习效能感（Hieb and Lyle et al.，2015）。杜阿尔特（Duarte）等以机械工程本科学生为研究对象，研究了如何通过课程活动设计提高学习者的自主性（Duarte and Leite et al.，2016）。另两项典型研究发现，工程实验室活动的游戏化能够积极影响学生的学习效果（Kim and Rothrock et al.，2016）。工程与人文系学生合作学习的创意设计课程，能够养成工科生的设计思维，超越专业领域和认知能力的限制，为解决实际问题奠定基础（Jin-Ho，2016）。

其次，激发工科新生专业学习兴趣的有效策略，也是国外学者感兴趣的话题。布拉罗利（Braghirolli）等发现，新生教育游戏是工业工程教育入门活动的有效教学方法。他们在工业工程本科学位课程的第一年，利用游戏模拟复杂的情境，让学生们了解专业领域的重要因素，学习解决实际问题。针对参与该项目的新生问卷调查显示，学生参与度高，能更好地理解课程内容。除此以外，他们发现，通过教育游戏设计进行入门专业认知的活动，有助于采用集成的方式提出不同的学科知识概念，为学生提供一个综合、动态的案例，为教授与学生的互动交流创造了更多的自由，满足他们求知的动机和能力需求（Braghirolli and Duarte Ribeiro et al.，2016）。孙达拉姆（Sundaram）发现，工程实验室活动课程对于提升工程专业新生的学习兴趣效果显著。在该课程中，学生会在短时间内参与若干学科的实验室活动（55分钟/每人），比如生物医学工程、电气与计算机工程系、环境工程、机械工程等。参与课程之后，新生无论是学习承诺水平还是参与度，均有较大幅度的提升。有的学生甚至可以从完全漠不关心到非常狂热地动手做，自发学习更多相关项目知识（Sundaram，2016）。

最后，少部分研究聚焦在工科生学习动机的影响因素研究。例如，贝塞特（Bessette）等针就读于佛罗里达理工大学和伊利滨州州立大学的 418 名大一和高年级本科机械工程专业的学生开展研究。通过采用学习动机策略问卷（MSLQ）调查发现，考试焦虑、自我效能、内在价值、认知价值和自我调节会影响工科生的学习动机。通过工程介绍概论课和高阶的课程设计，工科生从一年级到四年级在动机方面具有积极的变化，焦虑减少，自我认识增加，内在价值更夯实。基于此，他们提出了吸引与激发大一学生继续在工程专业学习与研究的策略建议。（Bessette and Morkos et al.，2016）。

第三节　关于学习动机激发策略研究回顾

一　国外基于不同动机理论流派的激发策略研究

相对于学习动机理论研究而言，教育学领域学习动机激发策略研究虽然实践意义较大，却被研究者关注较少。已有的激发策略研究又称为动机干预研究（Motivation Intervention）。目前依据不同的动机理论，相对应的学习动机激发策略可以归纳为 15 种。第一种基于成就情绪理论（Achievement emotions theory）的激发策略，教师会采用通过口头表达或者写作来减轻对学习任务完成的担忧（Ramirez and Beilock，2011），或者通过加强个人提升练习从而增加愉悦与幸福感（Fordyce，1983）。第二种基于成就目标动机理论（Achievement goal theory）的激发策略，教师通过组织讲座或者讨论会，帮助学生建立学习过程中掌握目标定向（Master goals），讨论失败的多种意义；或者使学生完成建立掌握目标取向的系列作业练习，尝试掌握目标定向的配套学习策略（Hoyert and

O'Dell，2006）。第三种基于归因理论（Attribution theory）的激发策略，帮助学生归因学业艰难是因为自己缺少努力（Hopewell and McDonald et al.，2007）。例如，组织观看视频提供证明数据，新生们都很艰难，但只要持续努力后都会改变艰难的状况（Wilson and Linville，1985）。第四种基于价值—期望理论（Expectancy-value）的激发策略研究。例如，通过写作练习使学生认识到教学材料与自身生活之间的联系，从而提高他们的期望激发学习动机（Hulleman and Harackiewicz，2009）。第五种基于目标设定理论（Goal setting theory）的激发策略，通过直接指导帮助学生确定现实的、具体的学业目标从而激发学习动机。这些具体的学业目标包括重要的未来目标、细节目标和执行计划，同时获得学生表明要完成这些计划任务的承诺（Morisano and Hirsh et al.，2010）。第六种基于内隐智力理论（Implicit theories of intelligence）的激发策略，帮助学生认识到应对挑战能够使他们的大脑变得更加强大。例如，阿隆森（Aronson）等学者采用连续 6 周，每周 25 分钟讨论大脑结构与功能的课程来实现这一目标（Aronson and Fried et al.，2002）。第七种基于兴趣理论（Interest theory）的激发策略，通过表达性写作和激励性学习活动，如观察、绘画和实验，来激发学生的学习动力（Guthrie and Wigfield et al.，2006）。第八种基于成就需要理论（Need for achievement）的激发策略，通过直接的指导帮助学生理解成就相关的情绪与认知知识，并且采用更高的标准要求与行为策略，从而激发学生为高成就而努力的行为。例如，通过 12 次，每次 1 小时的课程来认识自己的成就需求相关知识（Cueva，2006）。第九种基于可能自我理论（Possible selves theory）的激发策略，通过互动活动与写作练习，帮助学生把未来成功的自我与当下的自我在学校中的投入建立联系。例如，通过 9 周的课后项目，促进学生看到未来成功的自己所拥有的能力（Oyserman and Bybee et al.，2006）。第十种基于自我肯定理论（Self-affirmation theory）的激发策略，通过肯定重要价值的写作练习，帮助学生维持自我的完整性，特别是针对在特殊学术情境下感觉有威胁的危机群体，如数学与科学领域的女人（Cohen and Garcia et al.，2006）。第十一种基于自我对质理论（Self-confrontation theory）的激发策略，通过对质自己与优秀学生核心价值观的差异与不符，从而帮助学生能使自身的核心价值观与成果实现一致。例如，教师在课程前开展随机的课程期待学生调查，并且有针对性地回复讨论（Greenstein，1976）。第十二种基于自我决定理论（Self-determination theory）的激发策略，通过帮助教师使用教学实践支持学生的自主需求，从而帮助学生认识到在整个学习的设置中，他们有更多的选择与控制感。例如，某个学习任务可选，另一个学习任务必须按某种要求与顺序，从而对比学生在前一个学习任务中学习动力更强（Vansteenkiste and Simons et al.，2005）。第十三种基于自我效能理论（Self-efficacy theory）的激发策略，帮助学生成功地完成某项具体的教学要求的任务与活动，从而提升学生的自我效能感，达到提高学习动机的目的。例如，通过设定和完成现实的某个学习目标，让学生体验到成功的学习经验（Schunk and Cox，1986）。第十四种基于社会归属理论（Social belongingness theory）的激发策略，帮助学生认识到自己与重要他人在学习环境下的强联系，减少归属感的不确定性（Walton and Cohen，2011）。第十五种基于迁移经验模型（The model of transformative experience）的激发策略，鼓励教师用某种增强学生日常生活经验价值的方式重构学习内容与过程（Pugh，2014）。

二　国内普适性激发策略研究

国内学术界普适性激发策略的研究较为集中。例如，付建中认为教师激发学生学习动机的有效策略包括（1）通过提供具体形象的刺激、采用新颖的教学法、选择适合学生学习基础的内容与材料、在课堂上创设问题情境等方式，激发学生的好奇心；（2）通过正确运动奖励和惩罚、及时反馈学习效果等强化手段激发学生外在学习动机；（3）了解和满足学生的需要；（4）引导学生正确归因；（5）指导学生树立合理的学习和行为目标，为学生创造可能成功、体验效能感的机会，获得成功的经验，树立积极的榜样（付建中，2010）。柴晓运等基于社会认知的视角，推断出动机感染的发生机制包含学生无意识的自动目标感染和有意识的满足基本心理需要两条路径（柴晓运与龚少英等，2011）。

除此以外，针对不同专业学科教学学习动机激发与维持也是被高度关注主题。在这些研究成果中，英语与体育学科教学过程中，学习动机激发研究成果最多。

三　针对学习拖延等专门学习动机问题的激发策略研究

除了普适性激发策略，国内部分研究针对当下教育过程中存在的学习动机问题。这些问题包括学习拖延（陈保华，2007；邱于飞，2008；庞维国与韩贵宁，2009；邓士昌，2012）、学习适应不良（冯廷勇与刘雁飞等，2010；王敬欣与张阔等，2010）、学业倦怠（张传月与黄宗海等，2008；王敬欣与张阔等，2010）、功利化倾向（甘启颖，2015）等。例如，张平等通过实验研究发现，系统地团体辅导对改善大学生学习倦怠有显著干预效果（张平与唐芹等，2014）。

随着网络信息技术的兴起，近几年学界也涌现出一批关于网络教学的动机激发策略的研究成果。例如，从平台的功能设计、辅导教师反馈、课程内容设计和学习者协作四个方面展开策略的实施，均可提升网络学习的动力（牟智佳与张文兰，2013）。

第四节　已有研究评述

通过对大学本科生学习动机各阶段研究主题与理论流派的历史梳理，显示出该领域研究的三个发展趋势：跨学科、内外动机整合、个体与情境因素整合。

最近 10 年，跨学科研究趋势出现了教育学与脑科学、神经科学、计算机科学等新兴学科的跨学科研究特征。这一趋势也与学习科学代表

作《人们如何学习》中提到的学习科学发展大趋势相同。例如，2008
年朱安·卡洛斯·罗卡（Juan Carlos Roca）等发表的研究文章《理解
职场的电子学习持续意图：自我决定理论观点》（Understanding e-
learning continuance intention in the workplace：A self-determination theory
perspective），融合了传统的自我决定论与技术接受模型、跨心理学和计
算机学的研究。该文在 2013~2014 年被研究学习动机的其他学者持续
地多次引用。

　　学习动机研究领域第二个趋势是内外动机整合性研究。在 2000 年
以前，由于学者们会更倾向于认为，内部动机相对于外部动机是更好
的，因为内部动机稳定性较强，也能给人带来的愉悦感与幸福感。所
以，更多的研究聚焦在内部动机的发展变化规律。然而自 2000 年以后，
越来越多的学者如海迪（Hidi）、瑞安（Ryan）和德西（Deci）开始探
索内外部动机整合性的解释模型，强调要对更加复杂易变的外在动机进
行研究。而中国教育体制与社会文化有利于外部动机的激发，这无疑为
中国学者进行相关的研究创造了天然的有利条件。

　　第三个研究趋势是个体因素与情境因素整合性研究增多。对于教育
学研究来说，发现影响学生学习动机的重要因素，并且能够进行现实教
学环境下的有效干预才是更有教育实践价值的研究。而在现实的学校教
育中，已有这样的现象，教师由于教学人数较多，难以照顾到学生个性
化的需求，因此对学生兴趣的影响几乎没有，或者也不关心对学生个体
兴趣的影响。因此，以下问题开始成为该领域的学者的研究兴趣所在：
如何发掘更重要的、并能进行外部干预的情境因素，使得学生能够持续
地投入到学习活动中，逐步实现无动机到外部动机的形成，然后从外部
动机形成学生稳定的内部动机。在近 10 年仍保持被高频引用的自我决
定论、控制点论等理论就是符合个体与情境因素的整合研究趋势的典型
代表。

　　基于以上学习动机研究特点的分析，接下来作者将从研究问题与
理论流派、研究对象、研究方法、已有局限四个方面展开相关研究

评述。

一 动机研究问题多样且理论流派纷呈

在心理学研究领域，动机研究历史源远流长。从 19 世纪末到 20世纪初，陆续有十多种理论解释人类动机问题，具有丰富的理论资源。这些理论包括本能论、驱力论、诱因论、联结论、认知论、精神分析、自我决定论、归因论、成就动机论、目标论、自我调节论与预言论等。众多理论之中，以下五种理论近几年引用率较高：认知学派的归因论、成就动机、目标论、自我调节论与自我决定论。为了更清晰地展现学习动机国际研究的理论流派发展阶段，通过文献文本分析与相关文献查阅，本书提炼出不同阶段影响力较大的十二种理论流派、代表人物（见表 2-3）。

表 2-3 学习动机理论流派的历史发展

起始年	理论名称	代表人物	视角
1890	本能理论	威廉·詹姆斯（William James），西格蒙德·弗洛伊德（Sigmund Freud），麦克·杜格尔（McDougall），威廉（William），克拉克·赫尔（Clark Hull），史蒂文·瑞斯（Steven Reiss）	生物学视角
1901	强化理论	巴甫洛夫（Иван Петрович Павлов），斯金纳（Skinner）	行为学视角
1913	兴趣理论	杜威（Dewey），桑代克（Thorndike），霍兰德（Holland），霍夫曼（Hoffmann），哈吉奇斯（Harackiewicz），埃利奥特（Elliot）	本能、认知、情感视角
1943	需要层次理论	亚伯拉罕·H. 马斯洛（Abraham H. Maslow）	本能、认知、情感视角
1950	成就动机与价值期望理论	大卫·C. 麦克莱兰（David C. McClelland），约翰·威廉·阿特金森（John William Atkinson）	认知视角、情感视角
1958	成败归因理论	海德（Heider），罗特（Rotter），韦纳（Weiner）	认知视角

续表

起始年	理论名称	代表人物	视角
1977	自我效能感	班杜拉（Bandura），兹默尔曼（Zimmerman）	认知视角
1985	自我决定论	德西（Deci），瑞安（Ryan），撒德（Rathunde），森特米哈伊（Csikzenmihalyi）	认知视角
1986	成就目标理论	德韦克（Dweck），尼科尔斯（Nicholls），埃姆斯（Ames），乌尔旦（Urdan），哈吉奇斯（Harackiewicz），艾略特（Elliot）	认知视角
1989	自我调节学习	平特里奇（Pintrich），齐默尔曼（Zimmerman），申克（Schunk）	认知视角
1989	技术接受模型	戴维斯（Davis），意戈巴瑞尔（Igbaria），瑞里特利（Zinatelli），克拉格（Cragg），卡瓦耶（Cavaye）	认知视角
1992	自我价值理论	科文顿（Covington），阿尔德曼（Alderman）	认知视角

近5年来，移动学习和自我决定理论是最热门的关键词，而国际理论热点为自我决定理论与技术接受理论。

二 激发策略研究集中于基础教育阶段与微观层面

相对于学习动机理论，动机激发策略研究较少被研究界关注。在已有的动机激发策略研究中，一类为基于已有动机理论的应用效果研究。这一类策略研究样本大多是中小学生，研究者在课堂实验室采集研究数据，而以大学生为研究对象的激发策略研究偏少。在已有的高等教育分科教育中，以大学生为研究对象，更多是针对体育和英语学科教学过程中学习动机干预策略研究，而专门针对中国工科生样本的学习动机激发策略则较少。因此，针对工科生学习的动机激发策略值得深入探讨。

除了在研究对象上偏重于基础教育阶段的中小学生以外，激发策略研究更关注微观层面——教学与学习。由于研究材料搜集的可行性，学习动机激发策略研究多集中于个体咨询与课程教学的微观层面。基于微观层面的研究结论所提出的激发干预策略建议，主要有益于学生、教师和父母。这些策略的使用往往需要通过教师培训、家长培训、学生学习能力培训等环节实现学习动机激发与维持的效果。然而，我国大学教师教学培训与学生学习培训的专业机构仍在起步发展阶段，改变现实教育体制的影响力有限。针对学校管理层面和宏观教育体系治理层面的管理政策改革，将会产生更大范围的影响力。于是，针对中国大学师生比较低的实际情况，如何在学校教育管理层面探索出有效的激发策略将有益于更大范围地激发与维持工科生学习动机。

三　方法论：以定量研究为主，定性研究开始兴起

在研究方法上，学习动机研究以定量方法为主，但最近 20 年定性方法逐渐兴起。通过上文本科生学习动机已有国际研究文献的文本分析，发现采用定性与定量的方法均有，但采用定量方法偏多。尤其是相对有影响力、被引频次较多的期刊文章大多采用在课堂、学校与实验室内的实验设计，搜集大样本的问卷测量数据，验证影响因素与学习动机之间的关系。还有一部分被引频次较多的文献是系统性的专著，这些专著大多系统地阐释了某理论，以及该理论对现实问题的解释。这些书籍所采用的主要是思辨性的逻辑分析，配合案例分析研究方法。除此以外，有几篇影响力较大的文献采用历史研究、思辨性逻辑分析提出理论模型与新的概念。

在定量研究方法中，实验设计与问卷测量方法被采用最多。数据分析方法采用多元回归、多元方差分析最多。自 20 世纪 90 年代开始，荟萃分析法（meta-analysis）、结构方程模型等新的定量研究方法开始引入该领域。

从 2010 年开始，定性研究方法兴起。例如，胡贝尔曼（Huberman）和麦尔斯（Miles）撰写了关于定性数据分析的著作《定性数据分析：拓展资料大全》（*Qualitative Data Analysis*：*an Expanded Sourcebook*）（Huberman and Miles，1994）。该书在 2011～2012 年被爆发性引用，说

明此时段大学本科生学习动机领域用定性的研究方法较多。再例如多尔尼黑（Dörnyei）等于 2011 年再版的《动机研究与教学应用》（*Teaching and researching motivation*）一书，刚一面市就在 2012～2013 年被爆发性引用，因为第二版相比于第一版增添了许多可应用于第二外语教学的理论案例（Dörnyei and Ushioda，2011）。

四　已有研究的局限

第一，新世纪以来已有研究缺少专门对中国大学工科生学习动机问题的关注。如前述，在中国高等教育扩招以前，大学本科生招生规模有限，因此这部分群体属于学生中的精英，各方面特点较为一致。然而扩招以后，大学本科生的群体构成多元，不同专业教育目标下的本科生群体也呈现出显著差异的学习特点。其中，工科生的学习动机变化趋势却不容乐观。究竟这部分学生的学习动机问题在哪？在构成上有什么特点？哪些因素会激发或者抑制他们的学习动机变化过程，以及通过什么激发策略可以引导他们学习动机向积极健康的方向发展？这些问题都值得进一步开展专门的研究，从而弥补中国教育学术界对这一问题研究的缺位。

第二，可改变工科生学习动机的教育环境核心影响因素与影响机制有待深入挖掘。目前过往研究已经在学习动机结构、个体微观层面的影响因素与影响机制方面有了较为成熟的结论。令人遗憾的是，目前针对大学本科生的动机研究缺乏个人与教师教学、学校层面因素的整合性影响机制研究，对于这个过程中较为核心的因素探索并不多。可喜的是，自我决定理论为解释教育环境与学生个体学习动机如何相互作用的机制开启了新的视角。自我决定理论虽然在近 10 年里受到了学术界广泛的关注，中国教育学界也有一些学者开始应用该理论进行现实问题的解释与跨文化验证研究，然而这些研究仍然主要来自中小学、教师专业化、外语和体育等学科教学领域，缺乏在中国大学的研究证据。

第三，研究方法上较为单一。由于国内研究主要尝试验证已有理论，因此大多采用定量的统计描述、多元线性回归与结构方程模型的运用，极少数采用定性研究方法。然而，国外相关研究文章则体现出了更多样的研究方法，尤其是近20年，定性研究方法使用越来越频繁。

第四，大学工科生学习动机激发策略缺乏系统和专门的讨论。目前已有动机激发策略，一方面大多基于已有动机理论的研究，西方教学实践研究样本较多，缺乏在中国本土文化环境中的实践探索。另一方面，中国学术界已有学习动机研究成果主要集中在中小学生、外语和体育学科的教学上，微观策略普遍偏多。然而，对于现实的大学教育实践，如何在学校管理层面，制定有效的激发策略，普遍缺乏专门的论述。更进一步来说，针对工科生专业学科教育过程，学校教育教学管理、课程教学以及学生个体心理层面的整合系统研究普遍缺乏。在教育学界的共识下，教育学的问题常常需要教育环境的各个要素有机地整合干预，才能使得问题得到有效地解决。因此，本书也将基于调研中发现的抑制工科生学习动机的环境因素，提出教育管理、教师课程教学以及学生个体学业咨询综合的系统性激发策略方案。

第三章
研究思路与研究设计

在上一章中，围绕"学习动机"、"工科生"与"激发策略"三个关键词展开了已有研究文献综述。本章将基于上一章已有研究的成果与局限，详细叙述本研究所遵循的研究思路，以及进一步的研究设计。本章首先对本书的整体研究思路进行概述，其次对本书的技术路线进行详细叙述，最后重点对三个子问题所采用的理论视角进行介绍与讨论。

第一节　研究思路概述

让我们再次回顾第一章中所提到的三个研究问题：

（一）工科生学习动机的特点与目前存在的问题是什么？

（二）产生工科生学习动机现存问题的教育环境的主要原因是什么？

（三）哪些激发策略与方案能解决工科生现存的学习动机问题？

由于本书关注的第一个研究问题属于实然层面现状描述问题，需要提供切实的证据才能尝试回答此问题。针对这一类型的研究问题，已有研究文献大多采用定量的研究方法，如问卷法搜集较大样本的数据进行探讨。然而，已有研究文献却较少地采用质的研究方法，进行定性的深描。

定量的研究以其研究结论的推广性与全面性为优势，但该研究方法可能容易让研究者面临诸多研究挑战，例如，研究者难以找到有统计代表性的研究对象，使得数据采集的样本数有限；问卷数据收集过程难以把控质量，从而导致获得的数据真实性有待斟酌等。质的研究在数据搜集可控性与数据质量保证方面更有优势，在创新构建理论、解释现实问题和提出解决方案方面独具特色，然而可能在结论的推广性方面遭到定量研究范式的质疑。

针对本书关注的研究问题，通过现实研究可行性的评估分析，作者具有问卷调研数据搜集可控性高的优势，并且掌握的研究资料也较为充分。因此，作者首先选择定量实证研究方法，开启对第一个问题的研究。基于定量研究方法所得出初步结论，作者将采用质性研究方法，还原14位工科生的本科学习经历与动机变化历程，通过分析深度访谈材料，尝试对工科生学习动机的特点进行混合研究多维度的分析与研究。

针对第二个问题的讨论，目前已有研究采用过结构方程模型、实验研究法、比较法、个案研究以及行动研究等方法。其中，定量的研究方法中结构方程模型、实验研究法最为常见。这两种方法常用于对理论模型的精确验证。但是，其难点在于研究数据的搜集以及问卷设计与测量的信效度把控。个案研究与行动研究法是定性研究方法中采用较多的方法。这些方法的优势在于提供更加丰富详细的过程数据与描述，使得研究的情境更加具象化，更加能够还原问题的起因、过程与结果，从而形成整体性、解释力度更强的研究结论。本书作者基于研究资料获取的可行性分析以及研究问题过程性、复杂性的特点，选择了在实际工作中开展质的研究，搜集一手的深度访谈数据，以及参照咨询室深度访谈日志数据，更加丰富地描绘出抑制工科生学习动机的教育过程因素。这部分的研究结论也将为第三个研究问题奠定理论分析基础。

第三个问题是教育实践层面的问题，探索性较强。针对这一类研究问题，一方面需要研究者探索出激发与维持工科生学习动机的行动方案，另一方面，需要研究者提供切实的证据验证行动方案的结果，才能完整地回答此问题。问卷法与实验法是学术界常用定量方法，案例法则是定性研究方法中常常被使用的。本书将采用案例研究法与文献法，有针对性地分析解决工科生学习动机现存问题的已有管理方法、课程教学法与个体咨询法，以期对从事管理、教学和个体咨询的教育工作者有所参考价值。

综上所述，本书研究采用了混合研究方法开展对工科生学习动机的分析，针对不同的研究问题，所采用的研究方法，所搜集到的研究资料，简单汇总如表 3-1 所示。

表 3-1　本书研究思路一览表

研究问题	研究方法	研究资料
工科生学习动机的特点与现存问题是什么？（What）	1. 截面计量（T 检验、单因素方差分析、OLS 多元线性回归） 2. 质的研究（学习过程深访、咨询室追踪访谈法）	基于"T 大学学生基础调研"问卷普查项目，连续 2012～2015 四年搜集到共计 4472 名学生，工科生样本 2774 名。 14 名工科生深度访谈资料，36 名工科生咨询记录资料，总计 28 万资料。
工科生学习动机现存问题的原因是什么？（Why）	质的研究（学习过程深访、咨询室追踪访谈法）	14 名工科生深访资料，36 名工科生咨询记录资料，总计 28 万资料。
工科生学习动机现存问题的解决方案及其有效性（How）	案例研究法 文献法	实地走访美国斯坦福大学、加州伯克利大学相关机构，访谈负责人 10 个小时，10 万余字的访谈资料与纸板资料。 最新动机激发策略教学法、学业咨询法教材与研究文献资料 20 余万字。

第二节　研究技术路线

基于本书所关注的研究问题，以及选择的研究方法，笔者制定了逐层深入的研究内容与可操作的技术路线。首先，采用定量实证与质的研究方法，对比问卷数据与深度访谈数据，深描工科生学习动机的特点与现存问题。其次，采用质的研究方法，归纳出抑制工科生学习动机的教育环境的主要影响因素，以及影响过程。最后，针对激发策略的探索性研究问题，通过案例研究法与文献法，梳理教育实践领域最前沿，教育管理、教师教学与个体咨询辅导三个不同教育策略层面的方案。基于以上的研究设计实现方案，形成了本书研究的技术路线（见图 3-1）。

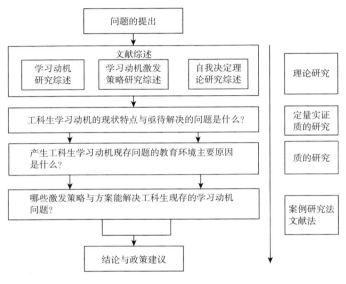

图 3-1　本书研究技术路线

设计出本书整体的研究思路与技术路线之后，作者分别梳理了三个研究问题已有研究文献的基本结论，并且对定量实证研究部分形成了更为具体的理论研究框架。在接下来的第三小节，作者将阐释每个分问题的理论框架或者视角，以及作者是如何在研究设计中应用这些理论资源的。

第三节　研究问题与理论框架探讨

一　经典理论：学习动机、学业行为与学业表现

大学生的学习动机具有明显的时代特点和青年的心理特征（湖北

省心理学会大学生心理研究组与胡德辉，1981）。成长于不同时代的大学生，由于社会环境的差异，他们的学习动机特点和问题也存在显著的差异。工科生作为大学生的一个子群体也同样如此。早在 1988 年，王雪生等学者对中国工科生学习动机进行专门研究，发现工科生学习动机的主导动机为获取知识（70.33%），辅助性动机带有明显的个人色彩，比如在竞争中取胜（55.54%）和报父母之恩（45.64%）。而工科生学习动机现存的问题是，为建设祖国的动机仅占 26.71%（王雪生与宋川，1988）。综述近十年来关于工科生学习动机现状特点与问题这一问题的研究，主要观点可以归纳为学习动力强弱之争与学习动机现存问题的讨论。

工科生学习动力强弱的学术争论。在已有研究中，一派观点认为工科生普遍面临学习动力缺乏的现状，尤其是内部动机较弱。支持这一派观点的证据主要来自于针对大学生学习拖延问题的研究证据。在这一拖延问题上，工科生与其他专业的学生没有差异，"985"、"211" 和普通高校之前没有差异，而且内部学习动力不足是导致学习拖延的主要原因之一（庞维国与韩贵宁，2009）。

然而，另一派观点则认为工科生学习动力很强。该派观点以来自大学清华大学和北京大学课题研究组的数据证据为典型代表。清华大学课题研究组通过中外高校对比研究发现，对比美国同类院校，清华大学学生比美国同类型大学学生在课业上投入多一倍以上的时间（罗燕与史静寰等，2009）。北京大学对 28 所首都高校新生适应性的研究中发现，大部分新生已经顺利适应了大学所要求的，外部驱动被动学习动机到主动学习动机的转变（杨钋与毛丹，2013）。

综上可以看出，与社会媒体对大学生学习动力不足问题的担忧相比，学术界对此问题持不同的看法。而且，来自不同采样的数据，所得出的结论也不一样。因此，究竟工科生学习动力是强是弱，仍有待更多的研究证据出现。

除了学习动力强弱之争以外，已有研究对工科生学习动机存在的问题则呈现多样化观点，主要包括以下三类。第一类问题是学习任务拖延（庞维国与韩贵宁，2009）。第二类问题是学习志趣与目标缺乏（罗燕与史静寰等，2009）。第三类问题是理工科新生自主学习状态适应存在问题，尤其是对于大学的管理方式与大学学习目标缺乏的不适应（杨钋与毛丹，2013）。

然而，无论是学习动机强弱之争，还是现存问题的发现，已有研究均是基于大学生这一研究单元，缺少对中国大学工科生学习动机现状与问题专门系统的实证性研究。然而，缺乏并不代表不重要，不值得关注。相反的是，大学教育的特点之一就是分科专业教育。不同专业学科，由于教育目标的差异，学生学习过程与教育方法的差异性不言而喻。

学习动机理论较为一致地界定动机包括内部和外部动机。虽然，从第二章的文献综述发现，学习动机概念基于不同的理论其操作性内涵有较大的差异，但是学习动机主要包含内部和外部这一论断基本获得学界的共识。其中，内部动机对学生学习行为与学业表现的影响作用显著也基本形成学界共识。相对于内部动机，外部动机因为其多样性与不稳定的特点，学界的界定也众说纷纭。基于目前的已有研究，本书第四章的学习动机操作概念也是基于内外部动机划分。具体而言，学习动机由7类构成，其中内部动机包括"对知识的兴趣"和"对自我的挑战"，外部动机包括"使命感"、"父母期待"等5类（詹逸思与李曼丽等，2016）。

目前，已有研究聚焦于内部学习动机与学习行为，学业表现的研究也较多，可称为经典的学习动机研究理论框架。除了学习动机分为内部和外部这一共识以外，另一共识则为特定的学习动机，将激发特定学习行为，从而影响学业表现，如学习成绩等。因此，本书针对第一个研究问题，也是基于此理论框架进行研究设计，除了学习动机的概念操作化以外，本书还搜集了学习行为与表征学业表现优良的学习成绩排名数据，试图通过挖掘显著影响学习行为和学业表现的特定学习动机（见图3-2）。

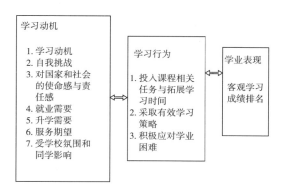

图3-2　工科生学习动机现状与问题研究理论框架

基于以上经典的学习动机研究理论框架，作者通过定量实证研究方法得到初步结论。为了更进一步探讨工科生学习动机特点与现存问题的真实性，作者将采用质的研究方法进行深描，还原工科生生动的动机变化过程，从而丰富对工科生学习动机特点与现存问题的多视角和过程性理解。在进行这一部分研究时，作者借鉴了动机研究领域前沿理论——自我决定理论的视角进行质的研究编码。因此，接下来，作者将详细介绍自我决定理论，以及该理论是如何应用到本书质的研究过程中的。

二　前沿理论视角：自我决定理论

从第二章的文献综述我们发现，在动机研究领域，自我决定理论是近5年关注的理论热点。例如，采用Citespace可视化软件进行文献分析结果显示，2013~2014年，自我决定理论是被国际学习动机研究领域爆发性讨论的关键词。在国内，北京师范大学心理系教授伍新春、东北师范大学教育科学学院心理系张向葵教授等学者均撰文对该理论进行详细的介绍。

该理论被中国学界众多学者所关注，并且以该理论为前提假设展开相关研究（张剑与郭德俊，2003；暴占光与张向葵，2005；王进，

2007；莫闲，2008；王燕与郑雪，2008；苗元江与朱晓红，2009；王艇与郑全全，2009；陈筠与仇妙琴，2010；刘丽虹，2010；刘丽虹与张积家，2010；徐胜与张福娟，2010；贺金波与陈艳，2011；于海峰，2011；张剑与张微等，2011；岑延远，2012；刘靖东与钟伯光等，2013）。这些研究不仅在教育学和心理学领域受到关注，还覆盖了经济学、医学、社会学、体育学等各个学科。

自我决定理论之所以被国内外学界广泛关注，主要有两个创新点，提供了动机研究新的视角。首先，该理论创新性地把动机过程分为不同内化的阶段，扬弃了以往内外动机的二元分类。并且该理论认为，假如社会环境支持人的三种基础心理需求满足，则能促进这一内化的过程。其次，该理论认为，可以通过改变现有的外部教育环境，促进学生的外部学习动机逐渐内化成为内部学习动机。自我决定理论有两大优势：一方面是对动机内化与整合过程的深入研究，形成了解释外部动机到内部动机变化规律较强的理论框架；另一方面，外界环境需要满足学生的三种基本心理需求的发现，使得教育工作者能够有的放矢地设计教育策略，激发学生学习动机内化过程的发生。

然而，虽然该理论在基础教育、教师教学领域被讨论地较多，但被我国学者采用进行高等教育研究却寥寥无几。基于该理论视角，针对工科生学习动机变化过程的研究更是寥若晨星。于是，本书在开展三个研究子问题过程中，均采用了该理论的视角与核心概念，以期给工科生学习动机研究提供新的理解视角。

接下来，作者将详细地介绍自我决定理论的主要概念，这些概念组合的理论经历了怎样的发展，以及对教育学领域基于该理论的已有研究进行梳理与评述。

自我决定理论（SDT，Self-Determination Theory），由美国心理学家爱德华·德西（Edward L. Deci）和理查德·瑞安（Richard M. Ryan）创立提出。该理论认为人的动机不是静态的，而是一个连续动态变化的过程。这个过程可分为无动机、外部动机、内部动机三种过程态。该理论认为外部动机（Extrinsic motivation）是指为了获得某些分离的结果（例如，好的学习成绩/升学的机会）而无论何时都要进行的活动。相对于内部动机（Intrinsic motivation）是为了活动本身的愉悦感，而外部动机是为了活动的工具价值。该理论不同以往动机理论最大的创新点是认为外部动机是一个依据自主性（Autonomous）的程度而连续变化的过程而非静态的过程。例如，一个学生因为害怕父母的惩罚而完成作业，就是外部驱动；因为他做作业是为了获得一个分离结果——避免惩罚。同样，一个学生因为相信完成作业有利于她选择职业而做作业也是外部动机，因为她做作业是为了一个分离的外部工具目的——选择职业，而并不觉得做作业很有趣。这两个例子都是外部动机，但却在自主性这一维度上存在较大的差异：对于后者的动机来说，自我认可程度更高，也更有自主选择感；而前者的动机更是屈从于外部的控制（Ryan and Deci，2000）。

依据自主性的程度深浅，自我决定理论把外部动机又分为四类调节模式：外部调节（External regulation）、内摄调节（Introjected regulation）、认同调节（Identification）、整合调节（Integrated regulation）。其中，外部调节是指为了满足外界要求或者获得外部设置的奖励而行动；内摄调节仍然是一种非控制的内部调节，人们之所以行动是为了避免内疚与焦虑，或者为了获得自我提升与自尊心，但这个过程伴随着压力感；认同调节是指人已经认同该行为对自身的重要性，并且主观上接受是自己要做此事；整合调节发生在认同调节被充分自我吸收之后，它通过自我检查和带入新的行为规则、与个人原有的其他价值观与需求进行一致化而实现。除了外部动机，无动机是指缺乏行动意识的状态，对应无调节；内部动机对应内部调节。六类调节风格的分布图如图 3-3 所示。

如图 3-3 所示，随着自主性（Autonomous）程度的变化，从最左边的无动机到被动地屈从，主动地个人承诺投入，到最右端的完全内部动机，展示出内化程度不断深化的过程。随着内化程度加深（与个人承

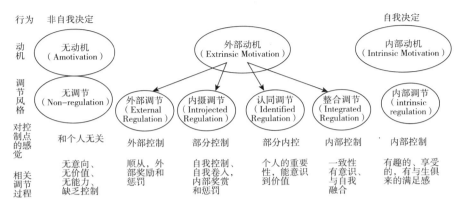

图 3-3　自我决定理论主要概念与关系 （刘丽虹与张积家，2010）

诺感相关），个人在行动中将更加自主，将会表现出更强的坚持毅力、更加积极的自我认知以及更高质量的投入。值得注意的是，瑞安指出，从无动机到内部动机的五个阶段并没有先后的发展次序，人在任何一项新的活动中，都可以从任一阶段开始发展这一内化的过程。而起始点的选择则与不同个体以往的经验和当下的情景因素相关。内化（Internalization）是指个体吸收外界价值观与行为规范的过程。整合（Integration）指个体将外界价值观与行为规范更深层更全面地吸收并转化为源于自我内在的价值观与行为规范，并形成自主性内部动机的过程（Ryan & Deci，2000）。

在内化的过程中，不同阶段的动机状态会产生不同的教育结果与经历。举个例子，偏向于外部调节的学生会较少地显示出导致学业成就的学习兴趣、价值观与努力行为，他们会更倾向于否认自己对于学业失败的主体责任而去抱怨他人，比如教师。偏向于内摄调节的会更加努力投入，但也更会有焦虑感受和更差的应对失败策略。相反，偏向于认同调节的学习者有较强的对学校生活的兴趣、愉悦感，以及更积极的问题解决策略和更多的努力投入（Ryan and Deci，2000）。在教育学界的研究结论也显示，更加自主的外部动机与正向教育成果正向关。例如，更加自主的外部动机会导致更多的学习性投入（engagement）（Connell and

Wellborn, 1991），更优异的学业表现（Miserandino, 1996），更低的辍学率（Vallerand and Bissonnette, 1992），更有质量的学习（Grolnic and Ryan, 1987）和更高的教师评价（Hayamizu, 1997）。

然而，内化并不必然发生，而是需要外部环境的大力支持。已有研究发现社会环境对动机内化过程的影响主要通过满足个体的自主性需求（Need for autonomy）、能力需求（Need for Competence）和关系需求（Need for Relatedness）三种天生的基础需求而实现。这三种基本需求的深入研究结果构成了自我决定理论的子理论之一——基础心理需求理论（Basic Psychological Needs Theory, BPNT）。自主性需求是指个体体验到自我决定，在从事某项活动时完全出于自愿选择与个人意志的心理需求。如果这一需求受到阻碍，个体将会陷入被外在强制力量或者内心强加给自己的压力所控制的感觉（Deci and Ryan, 1985）。能力需求是指个体在实现期待达到的结果时所体验到的有效感与能力感的需求。如果这一需求未得到满足将会使个体感受到挫败感和怀疑自身的效能（Deci, 1975；Ryan, 1995）。关系需求指人类天生就具有与他人建立联系，在环境中与他人沟通，寻找爱与被爱感受的需求。这一需求的满足将会使个体体验到某个群体或者社区的归属感，反之将会体验到被某个群体的排斥与孤独感（Ryan, 1995）。

假如人生活的环境支持这三类基础心理需求的满足，那么人的动机的内化与整合将会发生。举一个例子，在班级里，学生感受到教师的尊重与关爱，是他们真心情愿接受班级价值观的重要因素，这就是关系需求的满足。已有研究发现，教师（和父母）与学生的关系越好，学生内化学校相关的行为规范程度越高（Ryan, Stiller & Lynch, 1994）。能力需求的支持，比如提供最佳的挑战、与效能相关的反馈也被证明能够促进动机内化。但是，已有研究又发现，环境虽然支持能力与关系需求的满足，却只能内化产生动机的内摄调节。只有环境支持自主性需求的满足才会内化出认同调节与整合调节（Ryan & Deci, 2000）。例如，实验室实验证明为不感兴趣的行为提供有意义的理由，并伴随自主与关系需求的支持会促进动机的内化与整合。控制的环境会使得内化程度更低，即使活动会更加有趣些，在控制环境下内化仅仅会发生至内摄调节（Deci，Eghrari，Patrick，Leone，1994）。一项长期跟踪研究发现医学专业的学生在教师提供自主与能力需求满足支持的课程后，他们的学习动机内化程度更高（Williams and Deci，1996）。

自我决定理论最新的研究发现体现在目标内容理论（Goal Contents Theory，GCT）的提出。目标内容理论认为，如果学生的学习目标是带有很强的外部内容特点，比如财富、声誉，学生获得的幸福感会较低。相反，如果学习目标是较强的内在内容特点，比如关系、成长、社会和健康，学生就会体验到更多幸福感，形成更积极的学习态度。所以教师可以在教学环节中采用特定的语言，把所学的内容与内在学习目标特点内容进行关联，从而提升学生的学习动力。例如，内在目标条件的说明方式是："阅读文章可以帮助你知道，如何教会你的小孩，让他们做些什么去改善环境"，这代表了内在目标对这个社会的贡献。外在目标条件说明的方式是："阅读文章可以帮助你知道怎么重复利用策略去挣钱"。这代表了外在目标对获得金钱的益处。在这个环节中，教师就可以把所学的专业知识与使命感的动机更加紧密地结合起来，而且会让学生有更加积极的学习体验与幸福感（Vansteenkiste and Simons et al.，2004）。

自我决定理论目前已有 17 套测评量表，其中部分量表已被我国学者进行了本土化，并作为测量工具展开研究。例如，罗云等本土化修订了学习氛围量表，并在初中生中施测（罗云与赵鸣等，2014）。周颖等本土化了瑞安等人编制的学习自我调节量表，并在中小学生群体中对其信效度进行检验结果良好（周颖与季晓琴等，2014）。罗云等本土化修订了学业调节问卷，并在初中生中施测（罗云与赵鸣等，2014）。刘桂荣等修订的中文版一般因果定向量表具有良好的信效度，并通过该量表研究发现我国高职生与国外被试的因果定向特点基本一致（刘桂荣与张景焕等，2012）。刘俊升等本土化修订了基本心理需求量表

（BPNS），在小学和中学生群体中施测信效度良好（刘俊升与林丽玲等，2013）。罗云等本土化修订了基本心理需要量表，并在初中生中施测（罗云与赵鸣等，2014）。冯玉娟等本土化修订了《自我决定动机量表》，在 TPB 扩展模型的基础上，引入自主动机，构建 SDM-PL-TPB 7 因素整合模型研究大学生体育活动动机（冯玉娟与毛志雄等，2015）。赵春鱼等编制了大学生自我决定问卷，信效度均达到测量学指标（赵春鱼与边玉芳，2012）。

三　自我决定理论对本书研究的启示

自我决定理论主要应用在本书质的研究数据分析过程中。该理论认为，外界环境对学生三类基本需求满足与阻碍是影响学习动机变化的核心因素。该理论这一假设，与作者的关注点不谋而合：外部教育环境是如何对工科生学习动机变化过程造成影响。因此，作者将采用该理论的基本概念进行一级和二级编码。然而，采用这一理论视角并不意味着受到它的局限。作者采取的质的研究是基于建构主义范式，通过尽可能真实地还原工科生的学习动机变化过程，发现其特点与问题，以及抑制他们学习动机的核心因素。

目前，该理论仍在发展中，有以下几个问题仍存在学术争议，有待深入研究。第一，这一理论是否在不同社会文化群体中均有解释力度？第二，动机的内化阶段是否存在先后发展的次序？第三，即使是不同的社会文化背景下，影响动机内化过程的三类基础需求是否是人类普适的需求？第四，个人心理需求的差异与不同的人生目标是否会比社会环境更能影响个人的动机内化？第五，个人的心理需求差异如何与三种心理需求满足的社会支持相互作用，从而影响动机内化的过程？第六，在现实不同的社会环境下，如何设计支持三种心理需求的方案，才能有效地促进外部动机的内化？

更进一步说，自我决定理论的内化机制建立在以下三个假设之上：（1）人们在参与不感兴趣的活动与任务时，可以通过外部动机的内化过程转变为内部的动机，从而更加自主地投入到这些活动中；（2）社会环境能够影响这个内化的过程；（3）人类普遍存在自主、能力与关系心理需求。然而，实际的教育环境中是否存在不符合这三个假设的情景呢？这些理论的探讨都有待进一步的研究分析。由此，本书在开展第一个和第二个研究问题的分析时，也会通过来自工科生群体学习动机的证据，反思自我决定基础理论未解决的理论争论，从而与自我决定理论进行对话。

第四章
研究一：工科生学习动机现状与 问题调查分析

本章将从研究设计、数据分析结果与结论三个部分展开论述，以期通过定量调查研究数据，尝试探讨工科生学习动机特点与问题是什么。

第一节 研究方法

一 数据收集与样本

本问题研究的数据采集，依托于 T 大学针对学生开展的在校学习与生活的普查项目，问卷相关的题项如附录 1。该问卷的设计由学生基础调研项目组完成，作者为该项目组成员之一，参与了该问卷学习与发展部分（包括学习动机）题项的设计、数据处理的工作。该问卷的设计历经了已有文献调研、学生访谈、专家访谈以及预调研信效度检验的设计环节。详细的题项与信效度指标见表 4-1 所示。

2012~2015 年，学生基础调研项目组连续采集 4 年的横截面数据，最终汇总合并各年的数据获得了混合截面数据（pooled cross section data）。问卷的发放于每年的 5~6 月间开展。调研组从全校本科生群体中，依据学号按 10% 的比例随机抽样。问卷的填写采取院系组织学生集中填达的方式，从而确保有效率和回收率。其中，2012 年获得有效填

答问卷 1198 份；2013 年最终有效问卷 1231 份；2014 年有效回收问卷
1092 份，2015 年有效回收问卷 951 份。4 年共计有效样本数为 4472 个，
四年问卷平均有效回收率达 81.6%（詹逸思与李曼丽等，2016）。

二 研究方法与模型设定

目前，教育学领域基本共识是，不同类别的学习动机会影响学习行
为，从而影响学业表现。因此，本章也依据此经典共识，设计理论框架
进行数据搜集与分析，从而试图清晰地描述工科生学习动机的现状，以
及确定显著影响学习行为的特定类型动机，从而发现问题所在。根据已
有研究文献，学习动机一般被分为内部动机和外部动机，内部动机中挑
战性与兴趣是已有文献研究中较为集中的维度（池丽萍与辛自强，
2006），因此被本问卷纳入两类题项。与内部动机不同的是，外部动机
则呈现出明显的多元性与不稳定的特点，已有文献并没有形成统一的概
念界定。于是，本研究的外部动机测量题项设计，主要依据学生访谈的
结果，即访谈中学生提及较多的学习动机类型被选择编入调查问卷。因
此，最终本研究的学习动机操作化定义包括 7 类学习动机。根据已有研
究文献与访谈结果，学习行为主要包括学习时间投入、有效学习策略和
积极应对学业困难三个维度，学业表现的操作测量指综合学习成绩
排名。

本研究数据分析方法主要采用单因素方差分析（one-way ANOVA）
与混合估计模型（pooled regression model）。在对比工科生、理科生、
人文社会科学本科生在学习动机上的差异，以及对比不同成绩段、性
别、城乡的工科本科生在学习动机上的差异时，采用单因素分析方法，
从而尝试得出工科生学习动机呈现显著特点与现存问题的初步结论。

混合估计模型则用于分析工程学科本科生学习动机与良好学习行为
相关关系问题，从而更进一步地看清不同类型学习动机可能对学习行为
产生的影响，从主客观两个维度获得验证数据，完整回应工科生学习动
机存在问题的情况。之所以采用混合截面数据进行分析其优势在于，一

方面可以通过混合加大样本容量，降低模型估计统计误差，另一方面也能获得更为精密的估计量和更具功效的检验统计量（伍德里奇，2003）。

通过分析样本人口统计学指标发现，2012~2015 年中抽样获得的本科生样本，均出生于 1990~1995 年，个体之间不存在显著由于不同出身年份而导致的差异。从截面数据的获取方式，每一年采用相同的抽样策略，而且每年的数据在年级比例、专业院系比例均不存在显著差异，因此不同年份的截面数据之间也不存在显著性差异。以上两点则可说明可以采用混合估计模型。

为了估算 7 类学习动机对良性学习行为的不同影响程度，本研究将首先采用混合截面模型验证三个假设：学习动机与课程学习相关任务与拓展学习时间投入、采用有效学习策略、积极应对学业困难三类学习行为正相关。实证模型如下：

$$
\begin{aligned}
Time = {}& \alpha + \beta_1 M1 + \beta_2 M2 + \beta_3 M3 + \beta_4 M4 + \beta_5 M5 + \beta_6 M6 + \beta_7 M7 \\
& + \beta_8 Gender + \beta_9 Rural + \beta_{10} SES + \beta_{11} DumY2013 \\
& + \beta_{12} DumY2014 + \beta_{13} DumY2015 + \varepsilon
\end{aligned} \tag{4-1}
$$

$$
\begin{aligned}
Strategy = {}& \alpha + \beta_1 M1 + \beta_2 M2 + \beta_3 M3 + \beta_4 M4 + \beta_5 M5 + \beta_6 M6 \\
& + \beta_7 M7 + \beta_8 Gender + \beta_9 Rural + \beta_{10} SES + \beta_{11} DumY2013 \\
& + \beta_{12} DumY2014 + \beta_{13} DumY2015 + \varepsilon
\end{aligned} \tag{4-2}
$$

$$
\begin{aligned}
Help = {}& \alpha + \beta_1 M1 + \beta_2 M2 + \beta_3 M3 + \beta_4 M4 + \beta_5 M5 + \beta_6 M6 + \beta_7 M7 \\
& + \beta_8 Gender + \beta_9 Rural + \beta_{10} SES + \beta_{11} DumY2013 \\
& + \beta_{12} DumY2014 + \beta_{13} DumY2015 + \varepsilon
\end{aligned} \tag{4-3}
$$

Time 为课程相关任务与拓展学习时间投入小时数；Strategy 为采取有效学习策略的频率；Help 为积极面对学业困难的行为频率。三个变量作为因变量。α 为常数项，$DumY2013$、$DumY2014$ 和 $DumY2015$ 分别为表示不同年份时间的虚拟变量，即在模型中控制不同年份的变化可能对于因变量的影响，其系数 β_{11} 至 β_{13} 可解释每年的时间变化对因变量影响的数量估计。β_1 至 β_7 为 M1 至 M7 是 7 类学习动机自变量的回归系数，这 7 类动机变量是否会与学生积极的学习行为相关是本研究的关注重点。Gender 指代性别指标，Rural 指代学生来自城市还是农村，SES 是指代家庭经济社会地位。这三个变量虽然在已有的研究中发现与学习行为有显著的相关关系，但由于不是本研究的重点，因此仅作为控制变量放入定量模型中，从而提高模型估计的解释力度。ε 为残差项。该模型中各个变量详细说明与测量题项见表 4-1。

表 4-1　研究问题一涉及变量及说明

变量名称	变量说明
学习动机	M1 促使我学习的主要因素是对知识的兴趣（不同意 = 1，不太同意 = 2，比较同意 = 3，同意 = 4）。
	M2 促使我学习的主要因素是对自我的挑战（不同意 = 1，不太同意 = 2，比较同意 = 3，同意 = 4）。
	M3 促使我学习的主要因素是对国家和社会的使命感与责任感（不同意 = 1，不太同意 = 2，比较同意 = 3，同意 = 4）。
	M4 促使我学习的主要因素是就业的需要（不同意 = 1，不太同意 = 2，比较同意 = 3，同意 = 4）。
	M5 促使我学习的主要因素是升学的需要（不同意 = 1，不太同意 = 2，比较同意 = 3，同意 = 4）。
	M6 促使我学习的主要因素是父母的期望（不同意 = 1，不太同意 = 2，比较同意 = 3，同意 = 4）。
	M7 促使我学习的主要因素是学校氛围和同学的影响（不同意 = 1，不太同意 = 2，比较同意 = 3，同意 = 4）。
性别	虚拟变量，1 = 女，0 = 男。该变量作为控制变量放入模型中。
城乡	虚拟变量，1 = 乡镇或农村，0 = 城市。该变量作为控制变量放入模型中。
社会经济地位（SES）	连续变量，采用主成分分析法把家庭收入，父、母教育背景，父、母职业 5 个变量合成家庭社会经济地位变量。该变量作为控制变量放入模型中。
年级	有序分类变量，1 = 大一，2 = 大二，3 = 大三，4 = 大四，5 = 大五。该变量作为控制变量放入模型中。

变量名称	变量说明
学习时间投入	连续变量，包括投入于上课和课程作业的时间，与课程拓展学习的时间（小时）。
有效学习策略	题项：12，内部信度系数 $\alpha = 0.751$ 题项（C1~C12）示例：课前预习；课上与老师及同学交流；课上做笔记；课后与同学讨论相关课程问题；课下与相关课程教师讨论；课后复习；参与小组合作学习；帮助其它同学学习；去图书馆借书等自主学习策略（从未 = 1，有时 = 2，经常 = 3，很经常 = 4）。最终通过 12 个题项得分加权平均得出的连续变量，表示学生采用有效学习策略的行为。
积极应对学业困难	题项：6，内部信度系数 $\alpha = 0.652$ 题项（H1~H6）示例：遇到学业方面的困难时你的解决途径是：与同学讨论；咨询相关课程老师；咨询班主任；咨询辅导员；寻求其他机构（如学习中心）的帮助等（从未 = 1，有时 = 2，经常 = 3，很经常 = 4）。最终通过 6 个题项得分加权平均得出的连续变量，表示学生积极应对学业困难的行为。

本文的数据处理采用 Stata13.0 软件完成。

第二节　数据分析结果

一　工科生学习动机特点：以求知兴趣与升学驱动并重

表 4-2 统计了工程科学本科生学习动机类型的调查结果。表 4-2 中数据显示，工科生学习动机依次是对知识的兴趣、升学的需要、学校氛围和同学的影响、就业的需要、对自我的挑战、父母的期望、对国家和社会的使命感与责任感。通过 T 检验发现 7 类学习动机中，工科学生对知识的兴趣与升学的需要是最主要的学习动机，与其他 5 类学习动机有显著差异（P = 0.0000）；其次是学校氛围和同学影响、就业的需要、对自我的挑战（P = 0.0000）；相对显著较弱是父母的期望、对国家和社会的使命感与责任感（P = 0.0000）。

表 4-2　工科生学习动机类型的统计

促使我学习的主要因素是:	不同意	不太同意	比较同意	同意	总计	同意率
M1 对知识的兴趣	27	246	1184	1316	2773	90%[bcdfg]
M5 升学的需要	61	293	1053	1367	2774	87%[bcd]
M7 学校氛围和同学的影响	72	308	1402	983	2765	86%[acef]
M4 就业的需要	85	360	1226	1092	2763	84%[acef]
M2 对自我的挑战	61	433	1207	1067	2768	82%[acef]
M6 父母的期望	123	480	1230	935	2768	78%[abcdeg]
M3 对国家和社会的使命感与责任感	153	701	1341	566	2761	69%[abcdeg]

说明: 同意率 = (比较同意人数+同意人数)/总人数。与 M1 比较有显著差异,[a]$P<0.05$; 与 M2 比较,[b]$P<0.05$; 与 M3 比较,[c]$P<0.05$; 与 M4 比较,[d]$P<0.05$; 与 M5 比较,[e]$P<0.05$; 与 M6 比较,[f]$P<0.05$; 与 M7 比较,[g]$P<0.05$。

二　工科生学习动机问题:"使命感"与"自我挑战"动机有待提升

从表 4-2 可以看出,31% 的 T 大学工科生并不认同"对国家和社会的使命感与责任感"是促使他们学习的动机。这一发现与社会舆论对研究型大学的工程师教育曾经"又红又专"的期待存在差距。然而,这一结果是工科生特有的问题吗?

因此,在统计描述的基础之上,本研究进一步采用单因素方差分析(one-way ANOVA)的方法,比较人文社会科学、理科和工科本科生在 7 类学习动机差异,并检验了差异的显著性(见表 4-3)。从表 4-3 可以看出,相对于文科生,工科本科生在对知识的兴趣、就业需要、对自我的挑战、对国家和社会的使命感与责任感均显著较低。其中,尤其是使命感与自我挑战这两类动机的显著较低值得重视,有待深入分析。

表 4-3　工程科学与人文社会科学、理科本科生学习动机同意率的差异分析

促使我学习的主要因素是:	人文与社会科学	理科	工科	总计
M1 对知识的兴趣	97%[bc]	92%[a]	90%[a]	92%
M5 升学的需要	86%[b]	83%[ac]	87%[b]	86%

续表

促使我学习的主要因素是：	人文与社会科学	理科	工科	总计
M7 学校氛围和同学的影响	84%	82%	82%	85%
M4 就业的需要	86%^{bc}	74%^{ac}	84%^{ab}	83%
M2 对自我的挑战	89%^{bc}	83%^{ac}	82%^{a}	84%
M6 父母的期望	76%^{b}	71%^{ac}	78%^{b}	77%
M3 对国家和社会的使命感与责任感	72%^{bc}	67%^{a}	69%^{a}	69%

说明：与文科比较有显著差异，$^{a}P<0.05$；与理科比较，$^{b}P<0.05$；与工科比较，$^{c}P<0.05$。

三　工科生学习动机问题：城市工科生"使命感"动机亟待提高

众所周知，培养学生对国家与社会的使命感与责任感已是教育界有识之士的的一大共识。然而，工科生却显示出这类学习动机相对较弱，于是作者进一步对工科生该类学习动机进行了人口统计学细分的描述统计。基于描述统计的基础上，作者采用 T 检验方法，比较城市和农村工科生在 7 类学习动机差异（见表4-4）。

表4-4　城乡工科生 7 类学习动机同意率的统计

	对知识兴趣	对自我的挑战	为社会与国家	就业需要	升学需要	父母期望	学校氛围与同辈影响
城市	90%	82%	68%	83%	88%	77%	86%
农村	88%	83%	77%	89%	83%	83%	87%
T	2.69**	1.34	-4.15***	-2.93**	3.46***	-2.06*	0.89

说明：显著性水平：* p<0.05，** p<0.01，*** p<0.001。

表4-4 中的百分比是学生对该类学习动机的认同率，包括同意与比较同意。从表4-4可以看出农村工科生学习动机主要为就业需要、对知识的兴趣、学校氛围和同学的影响。通过 T 检验后发现，工科农村学生在对社会与国家的使命感与责任感、就业的需要、父母的期望三类动机上显著高于城市学生。这说明农村的工科生比城市学生更有外部驱动的特点，对国家和社会的期待、人才市场的需求以及父母的期望会更

加敏感一些。而城市的工科学生在对知识的兴趣、升学需要两类动机上显著高于农村学生。值得注意的是，在工科生内部，城市学生的使命感学习动机显著低于农村生源学生。

四 工科生"自我挑战"与"使命感"动机与良好学习行为正相关

在初步探索出工科生学习动机的特点与问题现状后，那么这几类学习动机是否会通过影响学习行为，进而影响他们的学业表现呢？尤其是在上文所发现的自我挑战与使命感动机，它们与学习行为的关系究竟如何呢？

因此，本研究根据经典的学习动机影响学习行为的经典理论，继续假设7类学习动机将会导致工科生产生积极的学习行为，具体包括加大学习时间的投入，更多采用有效学习策略，以及当面临学业困难时，会采取积极求助的态度来应对学业困难。所以本研究把学习时间投入、有效学习策略和积极应对学业困难作为3个因变量，7类学习动机作为自变量，性别、乡村、家庭经济社会地位等教育环节无法改变的3个因素作为控制变量，采用多元线性回归模型来估算这7类学习动机对这三种学习行为的量化相关关系（见表4-5）。

表4-5 工程科学本科生学习动机与学习行为的多元回归结果

	学习时间投入	有效学习策略	积极应对学业困难
女生	1.039*	0.042*	-0.042*
	-0.41	-0.02	-0.02
农村	0.966	0.017	-0.023
	-0.57	-0.02	-0.02
家庭经济社会地位	0.032	0.023**	0.031***
	-0.2	-0.01	-0.01
M1 知识兴趣	-0.194	0.046***	0.025*
	-0.3	-0.01	-0.01

续表

	学习时间投入	有效学习策略	积极应对学业困难
M2 自我挑战	0.889 **	0.067 ***	0.051 ***
	−0.27	−0.01	−0.01
M3 使命感	0.286	0.090 ***	0.080 ***
	−0.25	−0.01	−0.01
M4 就业需要	−0.307	−0.013	0.015
	−0.26	−0.01	−0.01
M5 升学需要	0.416	0.018	0.008
	−0.27	−0.01	−0.01
M6 父母期望	−0.026	−0.012	0.008
	−0.24	−0.01	−0.01
M7 同辈影响	0.936 ***	0.030 **	0.033 **
	−0.26	−0.01	−0.01
2013 年	0.273	−0.018	−0.007
	−0.45	−0.02	−0.02
2014 年	0.038	−0.024	−0.006
	−0.46	−0.02	−0.02
2015 年	−2.381 ***	0.040 *	0.061 **
	−0.47	−0.02	−0.02
常数项	11.807 ***	1.480 ***	1.433 ***
	−1.29	−0.05	−0.05
N	2766	2657	2673
Prob>F	0.0000	0.0000	0.0000
r2	0.0416406	0.1316571	0.1099433
r2_ a	0.0336019	0.1240719	0.1022153
F	5.179987	17.35705	14.22673

说明：括号中标出的是标准误，显著性水平：* $p<0.05$，** $p<0.01$，*** $p<0.001$。采用虚拟标志法（dummy flag）对缺失值进行了处理，即缺失值全部赋值为 0，回归时加入了表征缺失值处理的虚拟变量。

　　表 4-5 的第 1 列中报告的是工科生 7 类学习动机与课程相关任务和拓展学习时间投入的回归结果。模型 F 值为 5.18，模型总体显著性水

平较好（P=0.0000）。数据结果显示对自我的挑战、学校氛围与同辈影响这两类动机越强，工科本科生的学习时间投入显著越多。

表4-5的第2列中报告的是工科生7类学习动机与有效学习策略采取频率的回归结果。模型调整后的 R^2=12.4%，具有较大的解释力度；F值为17.36，模型总体显著性水平较好（P=0.0000）。数据结果显示，对知识的兴趣、对自我的挑战、对国家和社会的使命感与责任感、学校氛围和同学的影响4类动机越高，采用有效学习策略的频率越高。

表4-5的第3列中报告的是工科生7类学习动机与积极解决学业困难频率的回归结果。模型调整后的 R^2=10.2%，具有很好的解释力度；F值为14.23，模型总体显著性水平较好（P=0.0000）。数据结果显示对知识的兴趣、对自我的挑战、对国家和社会的使命感与责任感、学校氛围和同学的影响4类动机越高，工科生积极应对学业困难的频率越高。

2013年、2014年、2015年的年虚拟变量的系数是指，在保持人口统计学指标变量、学校环境可干预指标变量不变化的情况下，相较于2012年抽样的本科生，2013年、2014抽样的工科本科生学习时间投入、采取有效学习策略和积极应对学业困难的频率虽然有所变化，但无显著差异；而2015年抽样的本科生学习投入时间显著减少，采取有效学习策略与积极应对学业困难的频率有显著提升，年虚拟变量解释的是其他自变量无法解释的三个因变量的变化。

综合以上数据分析结果，工科生7类学习动机中对知识的兴趣、对自我的挑战、对国家和社会的使命感与责任感、学校氛围和同学的影响4类动机与有效学习策略与积极应对学业困难的态度均正相关，即这4类动机会导致工科生更为良好的学习行为。而就业需求、升学需求与父母期待三类外部学习动机并不会使得学生产生良好的学习行为。此数据分析结果说明，在教育环节中要着重提升这4类学习动机，才能使得学生有更加良好的学习行为。令人遗憾的是，本书根据表述统计的结果也发现，工科生在对自我的挑战、对国家和社会的使命感和责任感这两类学习动机相对较低。因此，更加值得引起重视，有待通过教育教学环节进一步地转化提升，从而促进工科生更高频率的良好学习行为。

五　工科生"自我挑战"与"使命感"学习动机与学习成绩正相关

根据上文的数据分析结果，对自我挑战、对国家和社会的使命感和责任感的学习动机与良好的学习行为正相关，那么是否会导致客观更好的学业表现呢？于是，在统计描述分析之后，本研究继续采用单因素方差分析（one-way ANOVA）的数据分析方法，比较不同学习成绩段工科生在7类学习动机差异，并检验了差异的显著性（见表4-6、图4-1）。

表4-6　不同成绩段工科生7类学习动机同意率的差异

	对知识兴趣	对自我的挑战	对国家和社会的使命感和责任感	就业的需要	升学的需要	父母的期望	学校氛围和同学影响
排名后20%	82% abcd	75% abe	63% ab	83%	81% bc	82%	82% bcd
排名50%~80%	89% abe	81% ab	68%	86%	87%	83% b	85% e
排名前20%~50%	91% ae	83% abe	70%	83%	88% e	77%	88% e
排名前5%~20%	92% ace	85% cde	69% e	83%	90% e	72% d	87% e
排名前5%	96% bcde	88% cde	73% e	81%	86%	74%	84%
总计	90%	82%	69%	84%	87%	78%	86%

说明：与前5%比较有显著差异，$^a P<0.05$；与前5%~20%比较，$^b P<0.05$；与前20%~50%比较，$^c P<0.05$；与50%~80%比较，$^d P<0.05$；与后20%比较，$^e P<0.05$。

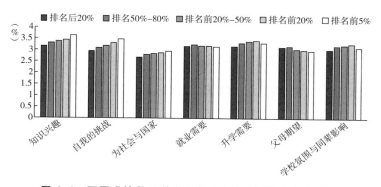

图4-1　不同成绩段工科生7类学习动机同意率分布差异

从表 4-6 和图 4-1 可以看出随着对知识的兴趣、对自我的挑战动机同意率逐一增大，学生学习成绩排名的提升。从各成绩段学习动机得分均值来看，学习成绩随着对知识的兴趣、对自我的挑战、对国家和社会的使命感与责任感 3 类学习动机的变大而提升。而且从差异显著性检验结果所示，每隔一个成绩段则存在显著的差异。然而，学习成绩排名随着就业的需要、升学的需要、父母的期望、学校氛围和同学的影响 4 类外部学习动机的变化规律却不太一致。就业的需要不同成绩段的工科生没有显著差异。以此说明，对知识的兴趣、对自我的挑战两类内部学习动机越强的学生，学习成绩越好，这也与学术界已有的动机理论的研究结论一致。

深入分析表 4-6 与图 4-1 可以进一步发现，随着"对国家和社会的使命感与责任感"的学习动机的提升，工科生的学习成绩排名的也提升趋势。而且，学习成绩排名前 20% 的学生使命感学习动机显著高于排名后 20% 的学生。这也就是说，使命感学习动机越强的工科生，学习成绩更加突出。这部分数据结果验证了使命感学习动机与学业表现正相关的假设。

第三节　结论与讨论

本章节基于 T 大学连续 4 年 4472 名大学生的混合截面调查数据，通过采取单因素方差分析与混合估计模型，分析了工科生学习动机特点与问题。研究发现：在工科生学习动机的构成方面，内部求知兴趣与外部升学驱动两类动机相对较高，但"使命感"与"自我挑战"的动机相对文科生较低。然而，"自我挑战"与"使命感"学习动机越强的工科生，学习过程中良好的学习行为频率越高，学习成绩也越好。

在学术界，求知兴趣与自我挑战两类内部动机对学生积极学习行为与学业表现之间的正相关关系已经基本形成共识，本研究基于样本数据分析结果也再次印证了这一共识。然而，使命感与升学的动机对积极学习行为与学业表现的关系更多的是定性的判断，缺乏定量的科学验证。这也是本书对于工科生学习动机的新发现，值得引起重视，有待进一步地讨论。

然而，即使有了来自一手定量数据的验证发现，工科生使命感与自我挑战动机相对较低，但难道在本质上工科生真的就比文科生缺乏这两类动机吗？工科生的学习动机特点为什么会以升学需求为主要驱动呢？众所周知，工科生普遍学得比文科生辛苦很多，而为什么相对于文科生，他们自我挑战的动机反而更低呢？这些追问不得不让作者质疑：工科生使命感与自我挑战的学习动机是真的低吗？这是一个暂时的现象还是工科生性格特点中本质的问题呢？如果仅靠上文所搜集到的问卷数据就轻易地得出 T 的工科生自我挑战与对国家和社会的使命感与责任感而学习的动机较低，是否有所偏颇呢？这些质疑都需要进一步地进行研究。因此，本书随后设计了质的研究，通过深度跟踪访谈，并对照咨询室访谈记录数据对比分析，以期更加真实地还原工科生的学习动机特点与现存问题。

第五章
研究二：工科生学习动机特点与影响因素

从第四章的研究中，我们通过定量的数据分析发现工科生的学习动机呈现求知兴趣与升学需求内外并重的特点。其中值得关注的问题一是对国家和社会的使命感与责任感动机较弱；二是自我挑战的学习动机较弱。通过进一步的分析发现，这两类工科生较弱的学习动机反而是与良好的学习行为和学业表现正相关。

然而，工科生的学习动机特点与现存问题真是这样吗？假如这些问题真实存在，那么这些学习动机现存的问题是如何发生的呢？为什么使命感与自我挑战学习动机越高的工科生学习成绩越好？试图回答这两个问题都需要进一步分析讨论工科生学习动机特点，以及变化机制中关键的教育环境影响因素。

因此，本章将延续第四章的研究，聚焦在以下两个问题：工科生学习动机特点与现存问题是什么？教育环境中有哪些重要的因素导致这些问题出现？

第一节　研究设计

本章涵盖研究设计、研究发现与结论三部分。在研究设计部分将阐述研究方法、研究过程与信效度检验。其中，由于质的研究需要对研究过程有着清晰完整的叙述，以尽可能为反思作为研究工具的研究者本身提供资料。因此，本章将从研究对象的抽样、进入现场的方式、收集资料的方法、整理和分析资料的方式四部分展开对研究过程的描述。

一 研究方法

本研究选择质的研究方法。"质的研究是以研究者本人作为研究工具，在自然的情境下采用多种资料收集方法对社会现象进行整体性探究，使用归纳法分析资料和形成理论，通过与研究对象互动对其行为和意义构建获得解释性理解的一种活动"（陈向明，2000）。

针对本要研究的问题与目的，相对于定量研究方法而言，质的研究方法会提供更为独特的研究视角与取证方式。质的研究目的一般是解释性地理解某个问题或者现象，善于在研究中开放地提出新的问题（陈向明，2000）。本研究问题是：工科生学习动机特点与现存问题是什么？教育环境中有哪些重要的因素使得这些问题出现？这两个问题都属于本土化的话题，对这两个问题的深入认识，仍需要在微观层面对个人的动机过程进行细致、动态的描述和解释。同时，回答这两个问题，均需要使用语言和图像作为表述手段，在时间的流动中追踪事件的变化过程，并且能从工科生的角度探寻他们的心理状态和意义构建的细节过程。而质的研究方法恰好具备该类问题研究的方法论优势，因此，本章选择了质的研究方法。

二 研究过程

质的研究范式中，研究的各个部分之间是一个循环往复的过程，而非线性。这个过程是双向建构的（见图5-1）。

在此建构主义的探究循环设计模式框架下，本研究首先界定研究的现象是工科生学习动机的变化过程。随后，本研究确认了研究问题的类型属于特殊性问题、过程性问题与情境类问题，均适合采用质的研究方

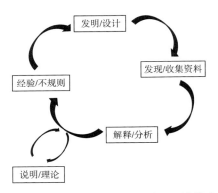

图 5-1　建构主义范式研究循环设计模式

资料来源：Miller & Crabtree，1992：10。

法。特殊性问题是指工科生这一特殊的群体所呈现的问题。过程性问题是指，本研究的重点将放在工科生学习动机过程的动态变化。情境类问题是指，研究讨论的是在某一特定情境下发生的社会现象，例如，本研究关注的就是工科生在大学学习过程中在课堂中、社会活动等不同的特定情境下动机发展变化的现象发展规律。在确定研究问题之后，展开了动机过程相关理论文献综述，这部分内容详情见第三章有关自我决定理论的论述。

1. 研究对象的抽样

本研究采取了分层目的性抽样、强度抽样、同质性抽样、最大差异抽样、典型个案抽样总计 5 种抽样策略。本研究分层抽样图示见图 5-2。

如图 5-2 所示，本研究根据学科类型、工科内典型学科类型、性别、学习动机高低进行了分层目的性抽样。根据分层的目的性抽样设计，作者深度访谈了 14 名工科生，采用 36 名工科生咨询室访谈记录数据辅助验证，共计 28 万余字。

基于分层目的性抽样的框架，本研究还抽取了某些能够提供较高信息密度的学生，多次跟踪访谈。例如，对于来访解决特殊学习动力问题的学生，作者会多次与其交流，并观察其具体的学习行为。最大差异抽

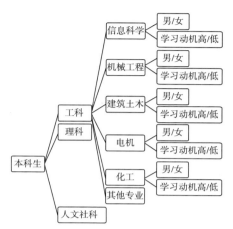

图 5-2 研究二分层目的性抽样策略

样是除了选择正常高考录取进入大学学习的学生，还选取了少数民族、国防定向、文体特长等特殊人才培养工科生，因为他们过往的不同学习经历，动机变化过程可能差异较大。同质性抽样是指，本研究设计了针对电机系、化工系两个相同专业背景 3~5 名本科生就大学期间学习经历与动机变化历程进行焦点团体访谈。最后，本研究还采取了典型个案抽样，即选择了观察来访预约作者学业咨询辅导学生中，具有不同学习风格的典型动机变化过程个案进行说明与展示。

除了深度访谈的 14 名学生的研究资料，作者由于工作关系积累了 53 名本科生学业咨询记录资料。汇总两部分研究资料的样本基本统计信息如表 5-1。

表 5-1 质的研究访谈对象背景信息

单位：人

学科大类	专业	性别		总计
		男	女	
工科	电机	3	3	50
	电子工程	4	2	
	工物系	2	1	

续表

学科大类	专业	性别		总计
		男	女	
工科	工业工程	0	1	50
	航空航天	1	0	
	化工	2	7	
	环境	1	1	
	机械系	4	0	
	建筑	2	3	
	土木	1	1	
	汽车	2	0	
	软件	1	0	
	自动化	4	0	
	计算机	1	0	
	材料	0	2	
	水利	0	1	
理科	数学	0	1	8
	物理	1	0	
	生命	3	1	
	化学	1	1	
人文与社会科学	社会科学	3	1	8
	法学	0	1	
	人文	2	1	
总计				66

2. 进入现场的方式

本研究为了获得真实可信的研究材料，尝试采用深度访谈、焦点小组访谈和咨询室跟踪访谈方式。这三种不同的收集材料的方式各有利弊，可以帮助笔者从多方来源获得，并比对搜集的材料，获得更加真实可信的研究结论。在三种不同的收集材料的方式中，自然也有不同的进入现场的方式。

在第一轮和第二轮一对一深度访谈与焦点团体访谈收集资料方式下，笔者选择了直接说明意图进入现场的方式。作者提前与 T 大不同院系的辅导员这一"守门员"角色联系，请他们帮助推荐不同学习成绩段的学生参加访谈。这些学生除了成绩的差异，学习动机也高低不等。然后笔者与这些愿意来参加访谈的学生一一联系确定访谈时间、地点与内容。在访谈现场，笔者开场则直截了当地说明本次研究的目的，以及需要访谈了解的内容。这一入场方式的选择，有利于受访的学生清晰地了解调查的主题，以及思考要回答的内容。

然而，由于受访者的来源可能受到思想政治辅导员这一"守门员"角色的影响。例如，有的辅导员可能易推荐相对比较优秀，或者学习动机较强的学生来参加访谈，这样可能会导致受访对象所呈现动机过程的同质化。于是，作者采取在 T 大学生学习与发展指导中心直接深度访谈更多样的学生。作者每年接待近 200 人次学生，咨询学习发展问题，不乏有专门咨询学习动机疑惑的案例。在采用这种现场访谈的方式过程中，作者采用了隐蔽地进入现场的方式，作为指导学生的行动者，一边协助他们解决学习与发展方面遇到的困惑，一边留心观察学生学习动机动态变化的过程。在每次咨询后，作者留存咨询记录，学生也会对咨询师的辅导效果进行评价，这些记录与学生客观的学习成绩变化的数据成为辅助佐证资料。这种方式在研究伦理上可能会受到一定的质疑，但如果在咨询前就直接说明本次咨询可能会作为研究的材料，不仅不符合作者咨询师角色的保密职业伦理规范，而且会让学生产生不安全感的防范心理，不真实地表达自己的困惑与想法（作者曾经经历过一次需要录音的职业规划咨询，因为担心保密问题直接切换了自己的咨询问题，在咨询过程中的开放度也有所限制，在说话前均要思考是否适合说出来，例如，如果别人听到这个录音是否会有什么不好的影响）。但也因为数据来源的保密性，作者仅仅把这部分研究资料作为辅助的佐证材料，而且隐去一切与个人相关的信息。

3. 收集资料的方法

由于质的研究方法循环反复的方法论特点，本研究的资料收集历经两年多，经历了两轮三种资料收集方式（见表5-2）。

表5-2　资料收集时间与方式

轮次	时间	一对一访谈	焦点团体访谈	咨询室跟踪访谈
第一轮	2015.3~2017.1	10名麻省理工、耶鲁、哥伦比亚学生	—	53人，1~15小时/人
第二轮	2017.3	6名T工科生，1.5~2小时/人	8名T工科生4小时	—

第一轮资料收集

第一轮资料收集如表5-2所示，历经了四个学期近两年的时间，采用了咨询室深度跟踪访谈。作者通过在T大学学习中心咨询室，接待来访学生的真实工作场景中开展跟踪访谈。作者每周为学生开放3~9个时段的学业发展一对一咨询。一对一咨询是T大学学生学习中心设立的专门场所，聘请专、兼职咨询师，以预约面谈的方式，为同学提供免费的个体咨询，解决他们学业发展中的实际问题。每次咨询一般为60分钟左右，中心提供若干独立的咨询室。学生来访咨询的问题主要包括学业成就提升与学业规划两部分。学业成就提升包括学习动力提升、大学学习方法与习惯习得，以及具体难度科目课程的学习方法与辅导等；学业规划包括转系、双学位、辅修学位、研究生深造专业与项目选择与准备，学期目标与课程选择等。

作者在两年期间总计接待了274人次的来访学生，每次咨询后作者都撰写咨询记录（见图5-3）与访谈笔记（见图5-4），部分来访者还填写了咨询效果反馈问卷（见附录2）。由于来访的学生部分是研究生，部分讨论的话题与本研究的学习动机无关，而且部分学生仅来访一次，不利于研究者持续访谈其行为与思想变化过程，这些案例所搜集的材料均未纳入后续的数据分析。最终选择确定了53名不同专业的学生进行持续了250次（50～60分钟）的深度访谈，其中工科生36名，详细的访谈对象背景信息与访谈次数信息见表5-3。

编号	专业	性别	学号	年级	院系	生源	手机	邮箱	来访问	问题描述	配咨	咨询日期	咨询次	际咨询	描述（	建议（	经验
1	工科	男			工物系				转系新闻学院								
1	工科	男			工物系				转系新闻学院								
1	工科	男			工物系				转系新闻学院								
1	工科	男			工物系				转系新闻学院								
1	工科	男			工物系				转系新闻学院								
2	工科	男	2015010998		电子	山西	13001269	1220626908@qq.cc.			詹逸思	2016-11-08	1				长期
2	工科	男	2015010998		电子	山西	13001269	zhangyao15@mails		规划课程学习	詹逸思	2016-10-25	1		寻找学习查看课程分析		
2	工科	男	2015010998		电子	山西	13001269	zhangyao15@mails		无心学习，只	詹逸思	2016-10-18	1		学习动力教练技术幻想		
3	工科	男	2015011536		自动化	河北	18813107	zsd15@mails.tsir		学习	詹逸思	2016-12-26	1				
3	工科	男	2015011536		自动化	河北	18813107	zsd15@mails.tsir		学习	詹逸思	2016-12-19	1				
3	工科	男	2015011536		自动化	河北	18813107	zsd15@mails.tsir		学习	詹逸思	2016-12-13	1		自我管理跟踪前两		长期
3	工科	男			自动化系					学习方法与时	詹逸思	2016-11-29	1				
4	人文	男			人文				推研准备								
4	人文	男			人文				推研准备								
5	理科	男	2012012279		化学系	河南省	18811368	19023237@qq.com		毕业安排	詹逸思	2016/6/6	1		期末备考陪伴排时间，		
5	理科	男	2012012279		化学系	河南	18811368	19023237@qq.com		毕业安排	詹逸思	2016/5/30	1		期末备考陪着安排时间		
5	理科	男	2012012279		化学系	河南	18811368	19023237@qq.com		期末考试	詹逸思	2016/5/23	1		毕业论文陪伴完成任务		
5	理科	男	2012012279		化学系	河南	18811368	19023237@qq.com		毕业安排	詹逸思	2016/5/16	1		期末考试陪着排时间		

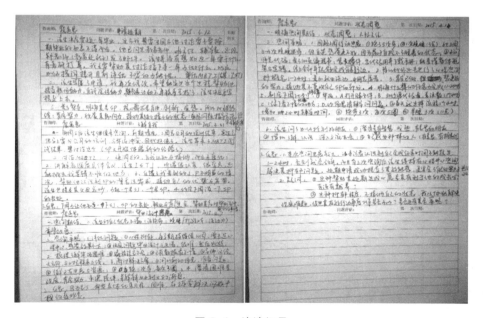

图5-3　咨询记录表格

图5-4　访谈记录

表 5-3　咨询室记录资料研究样本背景信息

学科大类	专业	性别		总计访谈次数
		男	女	
工科	电机		1（6）	38（185）
	电子工程	4（15）	2（6）	
	工物系	1（5）	1（2）	
	航空航天	1	0	
	工业工程	0	1（8）	
	化工	1（3）	4（10）	
	环境	1（22）	1（3）	
	机械系	4（29）	0	
	建筑	2（25）	3（28）	
	汽车	2（4）	0	
	软件	1（2）	0	
	自动化	4（9）	0	
	计算机	1（1）	0	
	材料	0	2（4）	
	水利	0	1（2）	
理科	数学	0	1（4）	7（35）
	物理	1（2）	0	
	生命	3（10）	0	
	化学	1（16）	1（3）	
人文与社会科学	社会科学	3（14）	2（5）	8（30）
	法学		1（4）	
	人文	2（7）	0	
总计				53（250）

　　由于来访的学生大多都是期待解决真实学习发展过程中面对的困惑，所选择的观察对象也都经历了学习动机的变化的完整过程，还有部分同学甚至是教师或者辅导员带领前来咨询，其学生动机起点状态呈现多样性与复杂性的特点。同时，学生们为了解决自身的困惑，往往也更

容易开放与真诚，对于过往的学习动机经历、影响因素回顾和现阶段的价值观念等细节的认知信息，均能充分地展现给作者。因此，这部分参与式观察资料弥足珍贵。在第一轮资料搜集的过程中，作者仍然期待对比国外一流高校工科生的学习动机与 T 大学工科生学习动机的差异，因此专门培训访谈者进行国外工科生访谈数据采集。然而，收集到的研究资料由于内容的深入与真实性有待提高，故作者并未采纳开展后期分析。

第二轮资料收集

在第四章研究结论发现之后，第二轮资料收集展开。在本轮数据收集时段，相对于第一轮资料搜集，研究问题更为聚焦。作者根据第四章的初步研究结论，以及新聚焦的研究问题重新拟定了访谈提纲。第二轮访谈提纲与记录表如附录 3 所示。此轮资料收集的取样更为集中在传统悠久的工科专业：建筑、土木工程、机械工程、电机电器工程、化学工程。随后，作者联系这些院系大四带班辅导员，根据他们长期的带班观察，选择了不同成绩段和不同性别的学生接受访谈，最终确定有效访谈11 人，其中女生 6 人。同时，作者直接联系出现在第一轮资料收集中，能够为研究提供最大化信息的典型 3 名工科生进行了再次回访。受访者的背景信息见表 5-4。

表 5-4　第二轮资料收集研究对象背景信息

院系	年级	人数	专业	访谈方式
建筑系	大五	1	建筑环境	回访
机械系	已毕业	1	机械工程	回访
土木系	大四	2	土木结构	一对一访谈
工程物理	研一	1	工程物理	回访
电机系	大四	5	电气工程及其自动化	焦点访谈
化工系	大四	5	化学工程	焦点访谈；一对一访谈

访谈的流程包括以下步骤：受访人基本信息的填写；介绍访谈目的，并且申明保密原则，签署保密协议与访谈资料授权；依据访谈提纲

进行访谈，更加有针对性的在访谈中挖掘工科生描述学习动机的本土概念；致谢，再次强调保密协议，尤其是焦点小组访谈的群体。每次访谈笔者都进行了录音。最终，搜集到了每位受访者 0.5 万~2 万字的访谈材料，总计 162611 字的访谈资料。

4. 整理和分析资料的方式

本部分研究主要选择扎根理论的资料分析操作程序。具体而言主要包括五个流程（见图 5-5）。

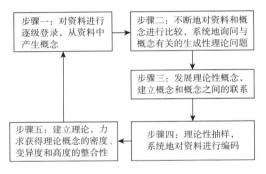

图 5-5　资料分析 5 步骤

对资料进行逐级编码是这五步分析中最影响研究结论质量的技术环节（陈向明，2000）。因此作者严格按照以下三级编码流程：开放式登录；关联式登录，又称轴心式登录；核心式登录，又称选择式登录（Strauss and Corbin，1990）。

首先，在整理资料时，作者分别给每一份访谈和观察个案进行编号，在此基础上建立一个编号系统。编号包括如下信息：收集资料的时间/咨询室访谈次数、方法以及资料在整体资料中的排列序号，如 2017-03-SDFT-01，表示，2017 年 3 月，作者通过深度访谈采集的第 1 位学生的资料。2015-12-ZXFT-03，表示 2015 年，作者通过 12 次咨询室访谈采集的第 3 位学生的动机过程资料。原始分析资料经过转录、编号以后，作者将编号的文字资料导入质性研究软件 NVivo 11 Pro 中进行编码，咨询记录数据录入 Excel，进行统一的资料管理与编码。

NVivo Pro 是一款质的研究软件工具，可以分析所有形式的非结构化数据。该款软件凭借先进的查询和高级的可视化工具，帮助质的研究者发现主题、证明调查结果并且声称报告。借助 NVivo Pro，其强大的查询工具、创建概念图展示数据中关联，以及可使用 NCapture 快速、轻松抓取社交媒体内容进行分析等功能受到广泛质的研究者的使用。

接下来，针对这些资料作者进行了一级编码（开放式登录）。图 5-6 是采用 NVvio 11 Pro 进行一级编码的示意图，表 5-5 是对研究资料重新打散确定的类属属性的编码表。作者把所有搜集到的资料逐字逐句地进行了一级编码，充分地"投降"资料，理解资料原本的面貌。

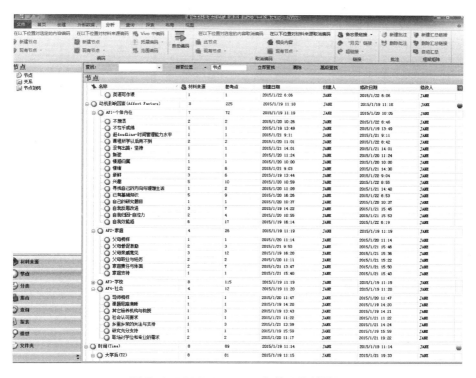

图 5-6　NVvio 11 Pro 一级编码资料界面

表 5-5　第二轮一级编码最终形成的类属编码

类属	码号	名称	备注
动机转化	In	内化	学习行为的自主程度变高
	Out	外化	学习行为的自主程度变高
	AM	无动机化	学习行为从有到无变化
时间（Time）	T1	大学前	T11 小学，T12 初中，T13 高中
	T2	大学后	T21 大一，T22 大二，T23 大三，T24 大四
学习动机类型（Learning Motivation）	LM1	无动机（Amotivation）	
	LM2	外部调节（External regulation）	
	LM3	内射调节（Introjection）	
	LM4	认同调节（Identification）	
	LM5	整合调节（Integration）	
	LM6	内部动机（Intrinsic Motivation）	
需求（Needs）	N1	自主/自治需求（Needs for Autonomy）	
	N2	能力需求（Needs for Competence）	
	N3	关系需求（Needs for Relatedness）	
	AF4	社会	

续表

类属	码号	名称	备注
需求满足/阻碍因素	PE	满足因素	促进内化的因素（码号依据本土概念有细分）
	NE	阻碍因素	阻碍内化的因素（码号依据本土概念有细分）

　　二级编码（又称关联式登录或轴心登录）过程中，针对每一个工科生的学习经历与动机变化过程，以及咨询室深度访谈解决动力问题的过程，作者又重新把每一位受访者提及的本土概念进行标记，以及本土概念之间的关系进行逐一的还原，通过思维导图的方式呈现出来，从而尝试找到概念之间的规律性关系，还原这个案例的动机变化过程。图 5-7、图 5-8 为两个案例二级编码示意图。

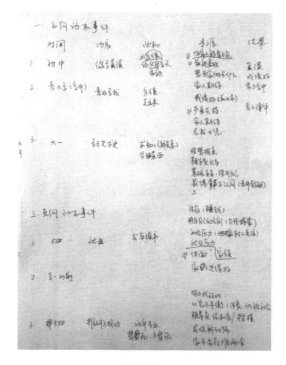

图 5-7　某个案二级编码

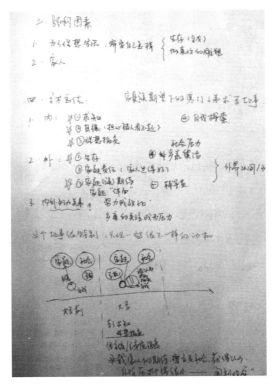

图 5-8   某个案二级编码

在进行二级编码的同时，作者进行了学习动机相关理论文献的阅读与分析，帮助循环理解散乱的素材。在完成前两级编码后，对二级编码的结果接着进行三级编码，找到二级编码过程中所发现的最核心的本土概念。作者在进行本部分研究的过程中，感觉三级编码的难度最大，该阶段需要研究者有较强的相关理论功底以及综合归纳的思维能力。在该过程中，作者一边进行大量的动机相关理论的文献阅读，一边反复地对比资料来源中工科生与文科生、理科生动机过程与影响因素的差异，同时伴随着多次的与导师、受访者进行学术讨论才完成该过程。在第一轮经历三级编码的过程中，作者再次重新具体化了自己的研究问题，影响因素也聚焦在影响该过程的本土概念因素。因此也重新形成了新的编码表，循环开启了第二轮的从一级到三级的编码。采用 NVivo 11 Pro 完成一级、二级编码的截面示意图如图 5-9、图 5-10。第二轮三级编码的核心类属分析思维导图如图 5-11。

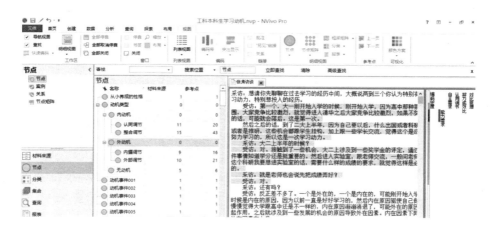

图 5-9　第二轮资料分析一级编码

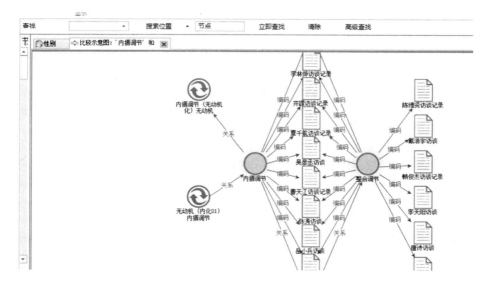

图 5-10　第二轮资料分析二级编码

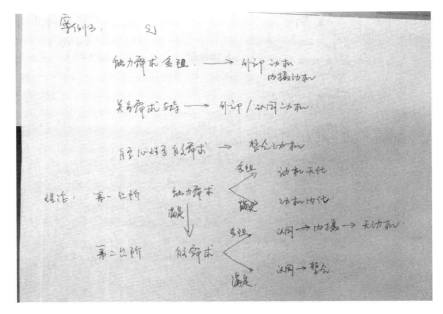

图 5-11   第二轮资料分析三级编码

经过两轮的三级编码后，作者最终确定了工科生学习动机过程的阶段理论与需求阻碍本土概念理论的轴心理论框架。

三   研究信效度检验

本研究将采取两种方法检验研究结论的效度：相关检验法与反馈法。相关检验法用来检验不同的资料来源或不同的资料收集方法，以确定它们是否相互证实。就本研究而言，本章的研究资料一部分来源于公开研究目的与研究者身份的访谈材料，一部分来源于隐藏研究者身份与目的的咨询室来访学生案例跟踪。作者通过反复对比两部分不同来源中不同的案例学习动机变化过程，核实研究结论的真实性。这就是"相关检验法"，又称"三角检验法"。

反馈法中作者将把研究结论反馈给不熟悉研究对象与熟悉研究对象两类人总计 10 人，熟悉研究对象的人可以从自己的经验提出批判或验证性的看法，不熟悉研究对象的人则可以从非内行的角度提出新的看法，从而汇总得出参考意见进行效度检验。

第二节 研究发现

通过对比分析访谈素材与咨询案例的跟踪访谈资料，作者发现工科生学习动机变化的过程性特点，以及影响该过程的关键教育环境因素。本章将围绕开篇所提出的两个问题进行研究发现阐述：工科生学习动机特点与现存问题是什么？教育环境中有哪些重要的因素使得这些问题出现？这些研究发现主要基于第二轮 14 位工科生深度访谈数据收集的分析结果，第一轮咨询室访谈记录日志作为辅助佐证分析资料。这 14 位工科生的详细情况如表 5-6 所示。

表 5-6 第二轮资料收集工科生学习经历背景信息

编号	专业	基本情况
2017-03-SDFT-01	建筑技术	23 岁，上海生源，女生，学习成绩专业排名后 20%，毕业去向：出国申请转换专业读硕士
2017-03-SDFT-02	工程物理	23 岁，天津生源，男生，学习成绩专业排名前 10%，毕业去向：继续国内本校读硕士
2017-03-SDFT-03	土木工程	21 岁，河南生源，女生，学习成绩专业排名 50%，毕业去向：继续国内本校读工程硕士；赴境外交换一个学期
2017-03-SDFT-04	机械工程	24 岁，北京生源，男生，学习成绩专业排名后 20%，毕业去向：就业
2017-03-SDFT-05	土木工程	21 岁，江苏生源，男生，学习成绩专业排名前 10%，毕业去向：继续国内本校读博士
2017-03-SDFT-06	电气工程及其自动化	23 岁，四川生源，女生，学习成绩专业排名前 10%，毕业去向：申请出国本专业读硕士；在学期间赴境外交换一个学期
2017-03-SDFT-07	化学工程	22 岁，广东生源，男生，学习成绩专业排名 40%，毕业去向：继续国内本校读博士

编号	专业	基本情况
2017-03-SDFT-08	化学工程	22 岁，黑龙江生源，学习成绩专业排名前 10%，女生，毕业去向：继续国内本校读博士
2017-03-SDFT-09	化学工程	21 岁，河南生源，学习成绩专业排名 20%，女生，毕业去向：就业
2017-03-SDFT-10	化学工程	22 岁，河南生源，学习成绩专业排名 60%，女生，毕业去向：申请出国换专业读硕士
2017-03-SDFT-11	电机工程与应用电子技术系	22 岁，云南生源，学习成绩专业排名后 20%，女生，毕业去向：申请出国交换专业读硕士
2017-03-SDFT-12	电气工程及其自动化	23 岁，山西生源，男生，学习成绩专业排名前 40%，毕业去向：继续国内本校读博士
2017-03-SDFT-13	电气工程及其自动化	22 岁，宁夏生源，男生，学习成绩专业排名前 10%，毕业去向：继续国内本校读博士
2017-03-SDFT-14	电气工程及其自动化	24 岁，河南生源，男生，学习成绩专业排名后 20%，毕业去向：就业

一　入学前：我选择了"我并不确切了解"的工科专业

在 14 名工科生样本中，11 名都出现了进入大学工科学习后才开始认知到自身所学的专业。甚至部分学生进入大学学习后，发现与之前想象的差别很大，因此出现沮丧低落的学习情绪，出现暂时的厌学。由此也提示大学的教育工作者，专业学科认知教育环节需要提前。

通过还原这 14 位工科生最初选择工科专业就读决策过程发现：由于中国高考制度特色，并未给予学生充分的时间进行专业探索与入大学准备。因此，在最初选择工科专业就读时，工科生们对工科专业并不确切了解。还原 14 名工科生大学对工科专业选择的类型，可以分为以下四类：基于高中数理课程学习基础选择学校类型；基于排除法选择工程专业类型；基于家庭成员讨论选择类型；基于多方信息搜集自主决策类型。

第一类基于高中数理课程学习基础选择学校类型是指，学生由于较为擅长学习高中的数学物理等课程的学习，或者看重 T 大工科教育名气较大，从而选择 T 大。随后，因为选择了 T 大，从而选择该校传统悠久的工程学科。下面的叙述来自该类型的典型描述：

建筑学院的一位四年级女生这样描述自己选定专业的过程：

高中二年级那个时候数学和物理都比较好，然后也对专业没有特别大的概念，所以当时想自己将来读的专业的时候其实想读的是应用数学这方面的，然后机缘巧合在高考前 10 月份的时候 T 大来，就是我们学校来自招的，所以我当时就报了。然后我就抱着试试看的心态报名参加面试什么的，就拿到了这个加分的政策。后来就来 T 大吧，T 大是一个工科擅长学校，所以当时的着眼点就被迫往工科上去放眼看一看。

我爸爸是程序员，我妈妈是教师，我爸爸本来就是学数学的，从小他给我的影响还挺大的。后来我妈就说工科这块可以关注一下，以后就业也比较好，那我就去翻花名册 T 大有哪些专业，然后相对来讲翻下来我当时填了两个志向比较高的，一个是工业工程，还有一个是我现在读的，当时叫做建筑环境与设备工程，现在改名字了叫做建筑环境与能源应用。这个专业当时（我）觉得一方面它又跟建筑系相关，建筑本身可能跟人的生活更接近。它里面提到需要应用的主要知识是物理学，数学和心理学的知识，我觉得我对这三方面（的知识）都很感兴趣，后来就填了这个专业。当时也就是这么一点浅显的认识。（2017-03-SDFT-01）

还有一位来自天津，在工程物理系就读的男生这样谈到：

基本上刚开始对专业这方面自己也不太了解，父母对这方面不太了解。就觉得先把成绩弄好，因为现在觉得要是先考一个好大学，可能自己当时觉得大学比专业更加优先。可能觉得自己思考只是大学，然后就先能够（考上）大学的线，先达到这个目标，然后这个目标达到了之后，再根据自己的能力，或者说自己真实的分数来选择自己达到哪些科，然后去哪些专业。

我选专业的过程，当时觉得可能不太熟悉，因为对于这个专业方面自己实在是也不太了解。可能就经过咱们学校一些招生（宣传），当时分下来（学校）就给我打电话（介绍），也看到了专业。当时就只是通过一两页的招生简章看到了这个专业干什么的，可能当时选专业的时候并不是那么确切（知道）自己，并不是明白自己能干什么，或者说不明白这个专业（能干什么）。我感觉对于大多数新生来说，他们选专业的时候可能就听招生老师的，就招生老师的一席话谈之后这种感觉来选的专业，比如最后定了到我们系有什么好处。可能就这样一些宣传，自己实际上可能不太了解，当时我就这个状况，比较迷茫。当时也不知道什么原因（选了这个专业），可能就觉得工程物理，有工程有物理，自己以前对物理也比较感兴趣，然后就选了工程物理，可能我对别的，比如说汽车、自动化这些专业，我之前没有概念，比如说（对）电子（专业）不太有概念，所以当时凭着简单这样一个原因，就选了这样一个专业，不太了解。（2017-03-SDFT-02）

一位来自北京，就读于机械工程专业的男生谈到自己选专业过程的想法：

工科没有区别，因为 T 大是一个特别好的学校，能上 T 大就可以了。至于专业选的是服从调剂，所以就也没有说对专业有特别的要求。我是压线进来的，第一志愿第一选的是自动化，没有录，第二选的是机械与自动化就被录取了。（2017-03-SDFT-04）

　　第二类是基于排除法选择工程专业类型。这类选择包括由于之前的竞赛经历，学生特别明确自己不喜欢什么，或者擅长什么学科。他们往往看重自己已有的能力优势积累，工科能够改变现实，比起理科难度小一些，就业前景也会更好等现实因素。

　　一位来自四川，就读于电气工程及其自动化专业的大四女生谈道：

　　　　我当时是觉得理科可能更加的偏太理论了，我怕会太难了，像数学、物理，我觉得可能对思维的要求太深入了一些。我觉得可能工程学科就更多的还是侧重在去应用它，然后去把一些现有的理论（应用）在实践中。我觉得可能对我来说，动手，或者是对我（有）反馈过来的（事情）成就感会高一点。在工科中的选择，其实我的一志愿填的是工物系，都特别不凑巧。因为我当时其实没有多想，在高考之前都是学习，没有想到这些事，我当时对工物系理解的就是，它就是工程物理，就是像物理的和工科结合，但都没有想到（这个专业）其实主要是做核能的。但是当时想得很简单，想的就是物理方面的工科，化工系就是化学方面的工科，然后生物课可能就是生物方面的。我当时就想，因为了解的又不是很多，而我高中比较喜欢物理，然后我就去工物系吧。我化学还行，比生物好一点，那就二志愿填了一个化工系，然后第三志愿我都忘了自己填的什么。当时单纯通过我对字面上，是通过高中学习那几门课程的感觉，就是学物理、化学的那种感觉后来选（专业）的。（2017-03-SDFT-06）

　　一位来自北京，毕业于机械工程专业的男生谈到最初选专业时的想法：

　　　　高二左右开始关注报专业，因为高中分文理，我是理科，就想要报哪个专业。当时接触的只有文理工这三类，当时就想会觉得文科基本不考虑，因为我本身就是理的，不对应的感觉，还是想理科和工科，当时就想工科直接的接触会多一些。当时想法特别的天真，会觉得工科能够改变这个世界，理科的话他仅仅是一些学术上的东西，还是书本上的纸上的那些东西，所以当时就简单的确定下来。（2017-03-SDFT-04）

另一位来自广东，现就读于化学工程专业的男生谈道：

我是保送生，我学的是数学竞赛，高中学数学太难受了，大学（就）不（想）学了。当时是觉得（学数学都是）特别厉害的人，搞的自己特别没有自信，就想不当数学家。我对化学感兴趣就学和化学相关的，如果学纯理科的话太偏理论了，可能会没有什么意思，有可能是未来就业或者是不太好办，只能从事科研什么的，所以就是想能不能学一个有化学背景是工科的。T大工科很优秀，当时就想选一个大概这样的一个专业。我第一反映是想学材料，因为我是高分子材料专业的，T大材料很厉害，材料专业在全世界排十几名。就看到高分子材料，这个（专业）更新更火，就把这个放到前面志愿里面去了，也不知道这个是在化工的里面就进来了。一开始本来以为是高分子材料，没有想到是化工系的，还以为是材料（专业），后来我发现我跟也选材料（系）的同高中同学不是一个系的，而是化工，当时就有一点蒙。（2017-03-SDFT-07）

这位来自河南就读于化学工程专业的女生谈道：

我学化学竞赛保送的，因为我要考国家的比赛，要做实验。之前从来没有做过，所以每天要做实验。我想我大学一定不要学化学，不想再做实验了。T大给我的选择是，我是化学竞赛只能报化学相关的，我就不想做实验，我说报工科，就报化工。（后来）发现还是要做实验，没有什么差别，当时我爸妈也没有怎么管我，他们就觉得既然是化学竞赛了，肯定很好，化学相关的专业就挑吧，也不管我。我说化工，也是 T 大的老牌子，一直很好，他们也没有说什么。（2017-03-SDFT-10）

第三类是基于家庭成员讨论选择类型。这一类型的工科生对于自己感兴趣与现实可能的选择更加清晰明确。但同时可以看出，他们的选择工科的决策过程中，家庭长辈的意见有较大的影响力。这类决策依据的专业学科信息会更多，而且家庭长辈们出于就业薪水等长远发展的实用性考虑较多。

一位来自江苏，就读于土木工程专业的男生谈到他的选专业过程：

工科这个大类上，我高中的时候就对于工科和理科的分类就有一个模糊的认识了。然后一开始是挺想学理科的，因为我高中的时候一直是学竞赛的，也比较喜欢数学方面的东西。后来就是和家里面（长辈）也有一些这方面的交流，因为他们觉得学数学没有那么大的前途。然后最后彻底决定学工科还是高考成绩出来之后，就和家长商量之后决定的。我当时虽然是铁了心就想去学数学的，最后还是被我爸妈给说服了。我一开始是因为我就是喜欢数学我才想去学的，后来还是从未来的发展，比如说最简单就是毕业的薪酬这方面来看还是学工科更好一点。（2017-03-SDFT-05）

当时我的爸爸妈妈找了很多方面的资料，我们是全家人一起讨论，把这些工科院系的类别也写了一个系列出来，把我不喜欢的排除掉，留下我喜欢的几个系列。再在里面做进一步的甄选，最后选到土木系是因为我的亲伯伯，我爸爸的哥哥他是做水工相关方面的，所以他比较建议土水这个方向。所以就犹豫了一下，跟招生老师沟通了一下，他看我的成绩比较适合哪个专业能录上，哪个不能

录上，一开始想过建筑，建筑可能不太够（录取分数线）。最后就选择了土木，就这样。（2017-03-SDFT-04）

第四类是基于多方信息搜集自主决策类型。这类学生对自己所学专业的认识会更加清晰具体，有较为充分的专业学习准备。他们往往会自主地通过多方渠道搜集不同专业的具体信息，并且汇总这些外界的信息和自身的优势与兴趣，做出自己的判断。在这个过程中，虽然家人有不同的意见，但仍然基于自身所搜集的信息坚持自己选择。这一类学生往往对工科专业的认同最强，在学校期间学业表现也更好。

来自黑龙江就读于化学工程专业的女生谈道：

> 我当时大学填报六个志愿，全是工科，我自己做的决定。我一直觉得商科不靠谱，金融危机之类的（事件）让我觉得这个（商科）不是手艺。现在很繁荣没有办法，预感到未来不是完全专业性的技能。当时是这样想的，计算机是因为我高中涉及过编程，觉得不太感兴趣，就觉得码代码的生活不适合自己。我觉得工科就是实业兴邦的感觉，化工是我第六个志愿，前五个没有录上。选专业的时候，那六个工科的顺序，一方面根据学长学姐，另外一方面把大学的主要的课程的大纲看了一下，看了这个哪个擅长一点，就这么排的，大概就是这样的。我对工科的感觉还是可以的。我觉得它是一门手艺，无论你国家的经济状态是怎么样的，你是工科永远有你饭碗的感觉。如果是经济状态不好，商科很有可能会失业，虽然现在很繁荣，就是这个想法。（2017-03-SDFT-08）

一位来自山西，就读于电气工程及其自动化专业大四男生说道：

> 真到自己报志愿的时候，有填报志愿的书可以参考的。当时参考的时候因为就是说，就是一种天然的感觉，当时在选专业的时

候，像物理、化学、生物这种专业是直接就被我枪毙掉了，我天然的感觉就很不喜欢这个东西。当时我选择了留下三个专业，一个是电子，一个是电机，一个是自动化，这三个可以说都是工科。后来想了想，电机系他全称不叫这个，它叫电机工程与应用电子技术系，想想这个名字本来就比那两个听起来更好一些。比如说自动化系他叫自动化，电气工程的话也包括自动化，当时有这样的一个想法。后来也是通过网络了解了一下，每个系的特色。当时给我的感觉是这个自动化系，太广泛了，他的范围太广了，我不知道他具体在搞什么。电机系有一点方向一直很专一，就是一个电，围绕这个电各个方向。因为这个方向比较专一的话，你可以在这个方向做得很精，而不像自动化。比如说，这个不是我诋毁，是我当时的感觉，就觉得它很广泛，你的东西很广，但是最后不是很精。所以最后还是选择了电机系。当时对电机系的就业情况，网络有一句评价，就是说电气工程可以是一个长青专业，相对于它的工作的话，一直都是不受外来的影响，就业也比较稳定，再加上研究的东西我也比较感兴趣，最后选择了电机系。（2017-03-SDFT-12）

一位来自宁夏，就读于电气工程及其自动化专业大四男生说道：

　　我小时候就是学习比较好，到上大学之前，不知道为什么就特别想上 T 大，从来没有考虑过去其他大学。T 大的工科本身实力是比较强的，所以当时想学一个工科，当时在土木、电子还有电机里面选，后来选择了电气工程，电机系。本来我父母是不太支持我选这个专业的，因为我的姐姐当年也是学的这个专业，后来去工作感觉就是不是特别好，但是我自己了解的一些情况以后，我觉得我还是对这个专业有一些兴趣的，感觉有些东西自己还是挺感兴趣的，所以我就选了这个专业。

　　我通过一些师兄、师姐方面的信息，还有和一些招生老师也有一些交流，然后通过网络也了解到一些信息。像 T 大很多的院系他都有自己的官网，上面可以了解到他们各个院系主要有哪些方向，主要做一些什么，大概就是通过这些渠道了解了电机系主要的方向，最后选了这个专业。因为我之前是通过物理竞赛保送的，其实一开始的时候想来这个系，因为那会儿物理竞赛我成绩也不是特别理想，当时就给了我自动化系的保送。后面我还是又高考了，因为我考的也比较好，可以换专业，后来就换到这个系。当时签的保送协议上说，如果考省前十名的话，就是有机会可以换专业，后来我就又高考，通过高考又换了别的专业，到了电机系。

我姐姐她也是学电气工程的，但是她说电网工作不是很喜欢。因为从家里人一些情况，还有我们家里很多人在电网工作，他们的一些评论的话，感觉电网这个地方确实好像不是我特别喜欢，特别理想的工作。我父亲母亲是医生，他们一开始想让我学医。但是我平时看他们非常辛苦，早出晚归的，所以我自己也没有那个心，就没有听他们的。后来我了解到电机系的电机电子在全国都是比较好的，后来我通过各个渠道了解到电机电子在各个行业、军工还有各大工业行业里面都有比较重要的应用的。所以我当时就对电机电子这方面比较有兴趣，所以我当时选择了这个专业。（2017-03-SDFT-13）

从以上工科专业选择的类型描述来看，除了第四类基于多方信息搜集自主决策的工科生，他们对自身所学工科专业了解度较高以外，其他三类的专业了解度都相对较低。比如该学生就经历了专业不被其他人认同的沮丧，虽然这种刻板印象有所偏误。

一位来自云南，就读于电气工程及其自动化专业大四女生说道：

我来了以后第一次知道电机是干嘛的，学习的状态就是不太好。刚来的话，因为我一开始来的时候都没有想过你来了要学什么，也没有了解过你有什么课程要学，你的专业是学什么干什么的，真的我一点都没有了解。报完专业我就放开自我了。（2017-03-SDFT-11）

　　被访者：刚开始学的时候和自己的预期有一些不符合。就我们系来说，普通同学可能对我们系这个专业接受度不太高，大家可能觉得你就是搞原子弹的，可能就是要去沙漠地带，你们要去那工作，跟同学一聊说，你们就是做原子弹的。他们这么说我自己心里面刚进来就有一种落差。

　　采访者：这个落差是别人认为你就是做原子弹的。

　　被访者：对，我们刚开始也没有想太明白，可能就觉得自己也是做这个的，当时和普通同学交流，甚至一些其他的同学，或者说校外的一些（同学），比如说自己（高中）同班同学，高中的他们考上大学，他们也觉得你就是搞原子弹的。（这种看法）和自己的预期还是比较有落差的。

　　采访者：那你的预期是什么？

　　被访者：我的预期就是选择多样化。当时我原本认为工程物理可能就是搞一些结构，机械，比如说这种动力，可能自己比较适合。可当时没有涉及到，所以自己觉得预期还是落差大的。我觉得学了一个专业之后，不可能本科就把自己限制于一条道上了，当时觉得自己如果全是走那个方向，可能以后限制太大了。觉得和自己最开始的一个朝多方面选择的方向，空间（变）小了，可能路窄到相当于就只有一条了。（2017-03-SDFT-02）

一位来自河南，就读土木工程专业的女生谈道：

　　其实最开始虽然说做选择之前做很多的功课，但是实际上来说，在进入这个学科之前还是了解不足。来了之后发现跟自己想的不是特别的一样，就是从课程设置的各个方面，然后发现最后的可能的从业方向跟最开始想的也不太一样，进来以后发现有各种不同。没有进来之前，我觉得学土木以后进设计院做一个设计师，就是一个设计相关的人员这方面的工作。实际上来了以后发现，其实比如说以现在的形势，我要想进入设计院里面很难，很多的同学选择了转行和进入房地产公司，或者是进入一些企业的甲方。课程设置方面比想象的要更加繁重吧，因为我们系在工科院系里面，从我身边的人综合意见来说，算是比较忙的这样。工作量比较大，学习的工作量，这些方面都感觉有些不同。（2017-03-SDFT-03）

一位来自河南，就读于电气工程及其自动化专业大四男生说道：

因为工程物理系学的虽然也是工科，但是比较偏理论，许多课的内容很抽象，基本上看不见什么实物，都是靠想象。我比较偏好能看见的，有操作性的这种（学习内容），做出来的东西看得着，对传统的工业感兴趣，所以最后自己决定转系。（2017-03-SDFT-14）

还有少部分学生在入校后接受到了较好的专业认知教育，因此形成了较为强烈的专业认同。这位同学曾经认为高分子材料属于材料系，入校后才发现自己在化工系。然而，他入校后新生研讨课有机会了解自己的专业，则产生了较为强烈的认同。

进了学校之后大一我对一门课印象很深刻，好像是个给新生开的概论课。听那个课，老师请了业界人士，很多（人）大家觉得特别高大上，（他们做的事情）特别有意义，对社会对国家很有意义。我这个人是属于对经济上面（需求）不是特别在意的，我觉得差不多就可以，想做一点对社会对国家有意义的事情。

我当时记得是请一个中石油的一位师兄讲的，他说你想赚大钱学化工不太容易，但是在国内你要做大事的话，化工就很棒。他当时举了中石油还是中石化的例子。我就很有感觉，这个感觉是很好的，不能说是被忽悠了，给自己打个鸡血什么的，觉得很好的，没有想过转系的。（2017-03-SDFT-07）

然而，现有的工科培养方案设置却只能让大部分工科生在大一之后的高年级才有机会认识专业，产生专业认同感。一位来自山西，就读于电气工程及其自动化专业大四男生说道：

到了大三之后有好多其他的方面的专业课，大家学的时候可能也并不是单纯的为了考成绩，到后来确实就比较喜欢那些功课了。所以对这个系本身，相对对它的认识也深了一些，对它的兴趣更多了一些。之前是觉得学哪个系无所谓，但后来的话有了逐渐的认识，还是觉得自己挺适合这个系的。（2017-03-SDFT-12）

人们常常会发现这样一个事实，对事物的喜爱与忠诚，更多的源于真正的了解。从访谈研究中，作者发现被访谈对象几乎都是在不十分了解的状况下选择了自己的本科专业，这在我国高中生中是一个比较普遍的现象。然而不幸的是，这样就会使得不少工科生在低年级时产生对该专业学习信念的动摇，因此，至少在一年级的学习中很难说，同学们能迸发出强烈的学习动机了。

二　工科生学习动机"两段进阶"特征

通过还原 14 名工科生的学习经历，本研究发现他们的学习动机变化过程需要经历先后两个阶段：能力认可需求阶段和自主支持需求阶段。接下来我们看看在第一个阶段，他们对自己学习状态、学习劲头与信念的描述。

1. 工科生学习动机的基础阶段：强烈的能力认可需求动机

能力认可需求，是指个体在实现期待达到的结果时所体验到的有效感与能力感的需求。如果这一需求未得到满足将会使个体感受到挫败感和怀疑自身的效能（Deci，1975；Ryan，1995）。访谈数据表明，工科生们在该阶段的学习动力多为受到自身能力需求驱动。如果在该阶段，外界有正向的能力认可反馈，例如达到个体预期的学习成绩目标，能完成作业任务，做对了题，或者被老师认可表扬就能满足其能力需求，则能形成效能感。然而如果能力需求并未得到外界环境的满足，比如学习任务难以完成、学习成绩与预期有较大差距，则会导致学习动力衰减，形成厌学与焦虑感。下面是一位来自建筑学院大四的上海女生对这一阶段经历的描述：

> 被访者：开学之后有一点发现，我的基础原来这么差。比如说老师第一节数学课，微积分课，老师就说求导我就不教了吧，你们高中肯定都学过。我当时就有一种内心很奇怪的感觉，但我又不好意思问同学。因为我觉得当时的心态就更像是我们所有人都是佼佼者，问了别人之后，别人可能会觉得这么简单的事情你都不懂。这不仅我（这样）觉得，我们系其他班都有这种感觉。我当时心态就是更愿意自己学，自己学的话很多问题都会产生，不跟别人讨论，而且（会认为学不好）主要是我的问题。

> 研究者：为什么没有去找老师，跟老师说我的确没有学过，并不是每个人都学过，而且据我所知并不是我一个人。

> 被访者：感觉我们那个老师他比较天马行空一点，他不是那种以学生为中心教学的这样的一种老师，他的课更像是"个人秀"一样，包括他上课的节奏非常非常快，所以很多（学生）渐渐地就不去听他的课，转而听其他老师的课。（2017-03-SDFT-01）

除了课程的难度与教师授课风格的不适应，同班同学也会让彼此感受到学习的压力，无论是学习基础好的学生，还是学习基础弱的都会感觉到自身的学习能力不够，并且表达出来。

来自上海就读于建筑学院建筑技术专业的女生如是谈道：

> 不管你成绩好还是差，他们都会说这门课万一挂了怎么办，而且每个人讲这句话的潜台词或者态度其实是不同的。有的纯粹的是一种想表现我关注我的学习状态而已（实际上他/她学业很好），实无挂科之虞。你在那个环境之下，其实每个人都觉得挺不舒适的。而且，大一学年包括整个班级都在建设当中，大家互相之间也没有到那么熟的程度，但同时我们要做很多类似的集体活动，所以其实这个过程里面有一种又要把大家给裹在一起，但同时在一起交流的时候，会说习题课，你会发现大家讨论的永远都是学习，那时候给我的感觉就是这个环境很压抑，我身边也有很多我的同班同学也有这个感觉。（2017-03-SDFT-01）

对比不同学业表现工科生的学习动力发展过程，发现学业表现较好的学生也存在较强的能力认可需求。但这种能力认可需求满足是基于与同学的对比，例如自身相对与其他人的考试成绩排名是否靠前，或者对比在学习上投入的时间差异。当学生学习成绩与其预期的有差距时，会产生挫败感，进而降低他/她的学习动力。

来自天津，在工程物理系学习，成绩专业排名前 10% 的男生这样谈道：

> 入学之后，感觉就是和同学们相比，自己（学习）能力比较弱。因为相比较同学们好多都是有竞赛经历，觉得他们最开始学物理学、数学的时候，感觉他们不用学……（沉默）就好像是不用学，而最后考试稍微突击一下就能考很高的成绩。自己每学期每天都要去学，然后结果成绩可能不如他们。（那时我）就有一种好像是感觉别人什么都不做就能取得好成绩，自己努力做了可能也并不比别人成绩好，很容易让人产生一种那我就不学了（的冲动与想

法）。这种状况，大一上半年很明显，因为有期中考试，看着有些同学不去上课，当然并不是大多数，有部分同学他们不去上课，成绩就不好，但有的同学他们不认真上课，但他们的成绩很好，特别是大一上半年，因为经常考完试，班级里会开一些交流会，可以看到同学们自己在班里大致排名。这时有一点学习动力有点走向低谷的感觉，因为最开始进入大学很高涨的，因为要觉得学高等数学，高等物理就觉得还是比较有期待，但是成绩考完了之后，感觉不是那么好。这的确不像高中一直努力，就能考很高的分数……但是到了大学之后，感觉自己很努力，成绩并不是那么理想，不知道什么原因。

研究者：你那个时候期待自己的成绩大概是多少是适合的？你这么努力。

被访者：当时我觉得至少应该班级能够前五吧。

研究者：后来实际是多少呢？

被访者：实际上应该是班级十名左右。

研究者：十名左右你就觉得好像还是很挫败。

被访者：对。

研究者：你们班有多少个人。

被访者：30个人。

研究者：30个人，其实是前三分之一，但你依然觉得很挫败。

被访者：对，因为当时我们班成绩总体来说在整个年级这个成绩不是太好，班级的平均成绩（有点低），然后我当时想班级的成绩总体不是太好，自己最后在年级的成绩应该也不算太好。

研究者：所以其实你觉得一个是自己的班跟其他班级参照可能不太好，然后自己又没有达到自己的预期，所以你觉得特别挫败。

被访者：对。

研究者：那你们有竞赛的同学大概是有多少？

被访者：竞赛同学至少得有六个。

　　研究者：就一个班 30 个，五六个，然后你主要是看着他们。

　　被访者：也不是看着他们，因为我看的竞赛同学并不多，我知道他们的排名，可能就知道一到两个，就觉得他们可能不认真学，但好像都会。（2017-03-SDFT-02）

这位来自江苏，就读于土木工程专业的男生谈道：

　　说实话，第一个学期的时候学习情况不是特别的好，因为第一个学期的时候刚进大学，感觉特别的轻松特别的自由，然后就对学习什么的也没有特别的上心。当时我记得我们学习主要还是数学方面的课程，微积分，线性代数这种东西，觉得平时做一做作业都比大部分的同学要好的样子，然后很多精力就花在玩上面了，然后结果最后因为考试的时候也没有怎么认真的复习，结果考出来就不是特别好的名次。当时参与排名是 130 多个人，我是大概 50 多名。因为跟自己心里预期不太一样。我当时觉得怎么也得年级前三十名这样。后来大一下学期的时候就觉得不能这样了，就还是把更多的精力放在学习上面了，然后就发现其实除了作业之外，还有很多仔细琢磨可以提高的地方。最后结果就是大一下学期成绩就比较好了，当时是年级十几名，后来就是因为大一的时候他的课程就是数学类物理类这方面的比较多，然后我比较的擅长，后来大二大三学了专业课之后，因为有些专业课是偏向于设计了这方面的内容，然后最后成绩就基本上稳定在 20 名左右。（2017-03-SDFT-05）

一位来自宁夏，就读于电气工程及其自动化专业大四男生说道：

　　因为我是从宁夏考过来的，我们区教育基础比较差，教育条件相对东南省份教育条件也要差一些。刚来的时候比较不自信，所以大一的时候玩命学，害怕自己因为基础不好，数学、物理各方面的基础比别人差一些，所以大一就学的比较刻苦。因为那时候课程也多，每天排的比较满，基本上没有安排学习以外的时间，每天都去教室自习，教室关门时回去。然后回到寝室可能再学一小会儿，12点以后休息，早上再早早的起来。基本上除了学习以外再没有安排其他的时间给其他的活动。尽管比较努力，但是因为本来基础确实不算很好，大一的时候大概也就 30 几名左右。不过大一相当于考到 30 多名以后，我整个人就比刚来的时候自信了许多。

我主要是大一刚来的时候，虽然周围的同学并不知道各自是什么实力。可能我们那边的学生大多数都是这样的，总有一种不如别人的这种感觉。这个就是当时让我感觉最压抑的一种内心的感受。平时非常的压抑，整个学习的状态的话也都是不是很好的，有时候效率比较低，在这种压抑的状态下，反而效率会比较低。我当时就想着如果现在学的努力一点，到时候成绩就不会太惨，抱着这样的信念在学习。（2017-03-SDFT-13）

除了大一刚入校后物理、数学类基础理论课学习难度，同学之间的竞争压力，对于工科生来说，部分专业基础课程的难度，以及所要求必修的课程总学习任务量也会对学习能力与毅力形成挑战。

一位来自河南，就读土木工程专业的女生谈道：

我感觉大一还好，大一不是很重，从大二开始就逐渐开始有专业课程。我们专业课程数量比较多，有的系可能一个学期必修学分可能在 26 左右。我们大一、大二的时候常规的学生就要修到 31~32 学分。专业课量一上来，任务量也就开始上来了，其实上了大三，发现大二其实也不是很累。大三累的每天一睁眼就想哭，就是这样。因为大三下学期我们是三到四门比较重要的专业课程，设计类的课程，可能就需要你长时间的伏案工作，趴在电脑前，用软件、绘图进行一些结构计算，这个就非常的耗费心力的事。大二的时候觉得自己很累，大三觉得大二一点都不累。就因为大家虽然累，但是都累，一个系里面其他同学都不说我过不下去了，你也不会说我过不下去了，就咬牙硬着头皮跟大家一起冲过来了。因为累每个人都累，大家都会说我这周这么多事情全部都压在一起，我每分每秒都在忙，大家都有这样的时候，大家都硬着头皮就冲过来了，也没有什么熬不过去了。只是心理感觉上会比较疲累。（2017-03-SDFT-03）

一位来自云南，就读于电气工程及其自动化专业大四女生说道：

到大二下这个学期，真是感觉这个学习真的是恶梦一样的存在。有门专业课的实验跟正常的实验不一样，让你搭一个电路，你接到最后都看不出来地下到底是一个什么东西，这样的一种实验。而且这种实验做的时候时间紧，任务多。加上电机学这门课又学不会，也可以说他讲的东西你也能听懂，考试出来的东西跟你平时讲的东西感觉两个是脱节的，我想大家都有这种感觉。考试（题）空里面就让你填变大变小，所有的全是让你填这种东西，这个东西分析本来就不在行，所以这门课真的是学的（直摇头），现在想想都很那个（皱眉）。打个比方，学的时候学 1+1，考的时候是 3×9 之类的，就这种感觉。当时这门课做作业，作业说实话做得都很辛苦。有时候你做出来，一道题你根本不知道你做这个东西对不对，你思路是不是对的，当时都是这种问题。没问题，找同学大家两个人对一下，看一下做的东西是不是一样的。只要有多一个人跟你一样，我这个做的东西应该对，也有普遍大家都错了。这个东西本来就很抽象，可能有时候电机学这门课学不懂，因为它有时候会讲一些磁场，磁场这个东西是到大三才学，好多一部分是到大三才学的。大二学的本身就很吃力，大二这么低的分，（我心想）完了，结果我对面的其他的同学过来问，你考多少分，我说我考多少，他比我还低，一看大家都这样，我就放心了。大二下事情特别多，我以前都会有一个习惯，我从高中就有一个习惯，我每天早上起来的时候，我都会把我今天要做和近期剩下的事情理顺清单，我近期比如说我近期要干什么什么，我今天要做哪些东西。到大二下我根本就理不出来。就是每天都是一个接着一个实验，我记得那个时候实验一个完了接着一个。大作业一个完了接着一个，大家都会每天都是混乱的，那个时候都记不清楚。而且课程内容本身也很难，所以整个感觉人多活在混沌当中，都不知道那个时候在想什么。（2017-03-SDFT-11）

一位来自宁夏，就读于电气工程及其自动化专业大四男生说道：

专业课的思维方式跟之前学的像微积分，哪怕跟我们之前的电路原理这些课（很不一样）。电机学相当于他有一个思维方式方面的大的转变，跟之前的课都不太一样。所以说大家可能觉得学起来比较困难。（2017-03-SDFT-13）

这位来自江苏，就读于土木工程专业的男生谈道：

特别是大三下学期的时候，我们当时是开了两个设计课，一个是做刚结构的设计一个是做混凝土结构的设计。虽然老师刚开学的时候就跟我们说了，说你一定要坚持每天都做一部分的工作，不然的话你快要拿东西的时候你的工作量就会特别的大。但就是平时还是不太想做那么多的东西，就有拖延症。然后最后拖到快要交稿的时候然后一看感觉自己要做不完了，然后就连着好几天都一直在做那个设计的东西，然后最后一天还是相当于熬夜一直熬到凌晨六点多终于赶上早上八点的截止（时间），感觉那段时间就特别的辛苦。（2017-03-SDFT-05）

在工科学习过程中，学习成绩最终较好的同学刚开始认为工科课程学习难度很大，工作量也大，从而导致自身能力一直跟不上的感觉。但大部分学生最终跨越了这些挑战，获得了自身比较认可的学习成绩排名，从而顺利满足了能力认可需求，度过了一个能力认可需求的动力发展阶段。然而，学习成绩较差的学生却进入另一个发展轨迹，内心感受截然不同，他们中有些人即使毕业了也依然未度过这个阶段，或者希望在别的专业领域满足能力认可的需求。

一位来自北京，就读于机械工程专业的男生谈道：

（我）学习肯定学不下去了，就是一想写作业就会觉得特别害怕，一害怕的话我肯定不想写作业。我肯定是想过办法解决心里状态的问题，然后解决的办法主要是玩游戏和看书。就是需要我专注在一件事情上，忘了这个恐惧感。但是作业好多我不太会，我又找不到（答案），其实也没有用心去找，我现在觉得还是应该大量的刷题。但当时我没有去找题，反正大学和高中最先变化的是，之前老师会无限地鞭策，我们要买什么练习册，第二天要检查。到大学的时候你自己连题都找不到，我那个时候又没有努力去找，题都不会做，一做的话就是没有办法投入进去，恐惧感又不会消失，我肯定不做这件事情（写作业）。这种恐惧现在想想就是没有控制感，可能跟小时候的经历有关，我不知道怎么回事。回家住的话能减轻一部分，（缺乏控制感）足够轻的话我可以去学习，去做一些看起来奋发图强的事情。

我基本没有动力特别强的时候。基本上属于学期结束的时候，要考试了觉得该学了。最开始的时候可能是因为刚从家回来那个时候恐惧感不是很强，类似的。就这大概两周的时间回去学习，其他的时候还是写不太进去作业。但你有时候会去写的话，一个是作业前提是我能做，比如说例题和作业题特别的对应，我可能去搬，或者干脆就直接抄书的那种题，这种题的话我是一定会去做的。但是一旦说我稍微做不下去的题我就完全不去做。要不去找答案，因为有练习册上面有答案，去抄答案，要不去找同学抄，跟同学的交集不是很高，如果没有同学找不到答案的话，就不写了。随便写两笔就这样交的感觉。

那个时候学习状态已经定下来了，就一直这么学。有的时候也旷课，也不是说完全放弃了，怎么说去听，一般程度听不下去以后，逼着自己去听课，万一老师点名之类的也是一个问题。就是课堂上很认真听的，到后期开始睡觉，早上的课特别容易睡着，其他的时候基本上属于课上还属于比较认真听，但是作业完成情况一般。前提是我得会，只要会就能快乐着。不会基本上就完不成的状态。哪怕只有一点我不会，也是完不成的状态。那样的保持着挂科的状态就不会恐惧，然后你习惯了挂了我补，重修的时候老师都会手下留情，比较容易过的感觉。（2017-03-SDFT-04）

这位来自河南就读于化学工程专业的女生谈道：

我一开始学习就发现工科好难，学不会。我一开始给自己定的目标特别高，特别不切实际，也没有学习方法，就想第二天要早起学很长时间，事实上心理压力大。但是我不知道为什么，很完美主义，一点都不切实际，虽然现状很差，脑子里一想就是我要好好学一定能考的特别好，一直处在这个状态中，做白日梦。我是失败之后马上忘了，每学期开始都会觉得自己努力都会很牛，开始都会很努力。后来发现努力也没有用，自己也坚持不下来，就开始怀疑人生怀疑自我，就不努力学了，差不多都是这样。成绩也越来越差，大一的时候我觉得成绩已经很差了，微积分才考七十多，什么都是七十多，无机化学感觉好难，别人都说好简单。最难的我觉得是工程制图。我想象空间（的能力）特别差，人家考一百分，我觉得我太差了，就很努力的学，没想到那门是考的最好的，考了八十多。微积分最大的感觉是学的时候很难的，老师讲的也很难，考试的时候觉得比讲的简单。因为平时讲的很难，我就丧失了动力，后来就恶性循环，大一下学期，到大二很惨，学物化期末考了六十一，就刚刚过，吓死了。（2017-03-SDFT-09）

这位来自河南就读于化学工程专业的女生谈道：

我觉得（学习）很难的，觉得学的特别难受。只要不跟化学有关的课都难受。我觉得我大一和大二不怎么好，我觉得一直不太好，我到大三也没有变好。除了化学课其它的课都觉得难。大一的时候我当时就修了新闻的双学位，就跟我妈说，我爸妈是工科，工程师，他们觉得新闻的专业有点太浮了。我妈妈不是很想让我转，它一直说服我先把这四年学完了再说。我就不转了再学学看吧，可还是没有什么感觉。（2017-03-SDFT-10）

一位来自云南，就读于电气工程及其自动化专业大四女生说道：

当时我记得是上微积分，更像是高中数学竞赛的一些基本的内容就是大学的数学。当时因为我没学过竞赛，了解的特别少，当时学微积分学的特别特别吃力。就感觉是天书一样，一遇到证明我就蒙。还有当时大一有一个编程课，我们在之前真的完全不知道编程是什么，这一点都不了解，来了突然就让你编程了。那个老师讲课我真的不太懂。我真的一听他讲课我就不行了，编程跟微积分这两个课是我真的头都疼，完全不知道在干嘛。大一一上来整个蒙，但是那个时候心态是比较积极的，我编程不会我就去找同学，我数学不会我也去找同学。虽然最后也学的不太好，其实我能把所有该完成的该考的是什么全都过了，当时觉得好痛苦。

但后来我觉得问题最大的是在大二下学期的时候，因为那个时候学数电，学电机学，学数学实验那个老师。我觉得跟 X 老师是一样的，我连他的脸我都觉得长的一样。我很难形容那种感觉，老师特别爱举例，他举例讲着讲着就出去了，就把这个问题抛了接着往下讲，然后懂的学生自然就懂了，我们很多就不懂。数学实验那个老师也是这样，他讲的非常投入，但是我们真的听不懂。这个其实真的不是我自己感觉，我有一个学霸同学，他都是前几名，他表示他也听不懂。后来我就放心了。

当时最大的问题不是数学实验，是电机学和数电。就是因为当时电机学和数电，像数电这种有大作业什么的。我当时真是那个学期一直想约学校心理咨询中心来着，太挤了没有约上。那个时候特别想转一个专业，但是成绩差，人家不要我转专业。我当时好痛苦，报一个双学位，双学位成绩也差人家也不要你。当时真的是，我都想退学重考换一个专业。那个学期真的是状态（不好），那个学习成绩也是最差的，状态也是最差的一个学期。我妈就说，那个是他 20 年来见我最压抑的半年吧，我每次跟她打电话状态就特别特别不好。觉得说学习也学不好，系里很多东西压你很紧，比如说我不想往这个方面发展了，我就想在这个专业毕业，我可能想干点别的，其实没有这个时间调节。到了小学期这个症状就更严重了，我做梦都梦见老师来查我大作业，真的。本来老师长的挺帅的，找人喜爱，结果他老为难我，我一个星期做梦，每天晚上都梦见他查我大作业，搞得我挺怕他的，一直那个学期到小学期，都特别压抑。那个时候反正最后的想法就是别挂科就好了，那学期就绝望到别挂科就好了，60 分就行。别让我再学一遍这些东西，当时就这么想的。大二下的时候，我当时一个潜在的想法，让我还能继续学下去的动力就是，我们系不是那种期末能抱佛脚能过去的系，我还得学，我再痛苦我得学，不然我真的会挂，真的挂我就得再学一遍，那我就真的不行了。所以当时最大的一个动力，就是我不能挂，我挂了就得再学。不是说我学分积得多高，而是挂了再学我受不了。所以大二下的时候，第一次产生了以后坚决不干这个了，还有我是不保研，那个时候很决绝。每次打电话都跟我妈表决心，我妈都说你别说了，我知道了。（2017-03-SDFT-11）

从上面的描述我们可以发现，能力认可需求驱动是工科生学习动机第一阶段的重要特征。汇总所有学生个案该阶段的经历，作者绘制了能力认可需求驱动阶段的动机变化过程图（见图5-12）。

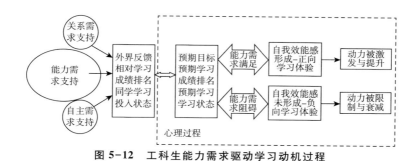

图5-12　工科生能力需求驱动学习动机过程

图5-12还原了工科生第一阶段能力需求为主驱动的学习动机变化过程。教育环境对工科生学习过程中的能力需求支持情况（教师授课、同辈讨论、辅导员辅导等），会使得工科生获得客观的学业表现成绩。例如，学习成绩排名，其他同学学习投入状态。这些客观的学习结果将会与学生原本的内心的预期互动构建匹配。当客观现实的反馈与自身预期相匹配，工科生将获得能力需求的满足，形成"我能胜任工科学业挑战"的效能感，获得正向的学习体验，从而学习动力也将被激发与提升。然而，当客观学习结果与预期不符合时，能力认可需求将暂时遭遇阻碍，失败的体验也将导致工科生的自我效能感难以有效地建立，形成负向的学习体验，学习动力将被抑制与衰减，学生开始无意识地想逃避这不愉快的学习过程。

进一步分析发现，对比于文科生，工科生访谈的数据材料中能力认可需求的码号出现得较多。在咨询记录数据的词频编码结果可以佐证，工科生和文科生能力认可需求出现频次与比例见表5-7。

表 5-7　能力需求在不同专业样本中出现频率统计

专业大类	能力认可需求	
	频次	百分比
工科	53	45%
文科	7	35%

从表 5-7 可以看出，工科生能力认可需求提及的频次比例要显著高于文科生，达 45%。相对于文科生，工科学习除了知识本身难度与挑战以外，高强度的学习任务量也极大地挑战了工科生自我管理能力、时间管理能力、人际沟通能力、抗挫折能力等非认知能力，而这些非认知能力的培养往往在之前的基础教育中普遍缺乏。对比顺利度过能力认可需求驱动为主的的工科生，未完成该过程的工科生非认知能力缺乏更为明显。

在第一阶段，能力认可需求会用不同的形式表述，包括自尊心、他人的期待、证明自己等。详细的描述如下：

> 我大一的学习目的，第一是为了自己的自尊心，第二可能是自己的期望。当时非常害怕父母失望，从小到大你一直都是别人家的孩子，突然就回到自己家的孩子就不对了。因为在上大学之前，基本上大家都有那种我特别梦想蓬勃溢出的感觉，我一定要在大学里面达到某一种状态，达到某一种成就，我要在这四年的里不浪费我大学的四年生活。我觉得大家刚入学的时候都是这样想的，然后那个时候就非常想证明自己，非常想让自己四年过的有一张非常显赫的成绩单，让别人可以看起来你四年确实是做了事情的，青春没有虚度，是值得肯定的，也是为了获得外界的肯定。除了学习成绩，还有你上学时候的其他方面。大一的时候也会做一些社工的工作，也会加一些学生的组织，非常的希望能从各个方面证明自己。
> （2017-03-SDFT-03）

这位来自黑龙江就读于化学工程专业的女生谈道：

> 一开始的自尊心是有的。怕落差太大接受不了，觉得肯定有落差的，不是说一进来就想学到第一第二，就是怕落差大。不用第一，第二，但是也别倒数就行，后来怕被甩在后面，还有发现没有那么差，担心就放下了，就比较轻松。（2017-03-SDFT-08）

目前，工程专业的知识学习设置，起初需要学生掌握扎实的数理基础，在接触工程专业课程之前还需要学习大量专业基础理论课程。这两类所需的基础知识由于较为抽象，学生理解起来往往很有挑战。这一现象，一方面会激发工科生想要学好，跨越难度知识学习的动力。因此，我们从以上的例子发现大多数工科生在该阶段学习动力很强，投入较多的时间学好这些有难度的知识。然而，另一方面，一旦挑战过大，同时教育环境对他们的努力缺乏正反馈与认可、能力支持缺乏等情况，学生的能力认可需求也存在得不到满足的风险，届时将会抑制他们的学习动力。

2. 工科生学习动机的第二阶段：自主需求动机

度过了能力认可需求驱动为主的第一个阶段之后，大部分工科生开始进入以自主支持需求为主驱动的学习动机发展阶段。自主需求（Need for Autonomy）是指个体体验到自我决定，在从事某项活动时完全出于自愿选择与个人意志的心理需求。如果这一需求受到阻碍，个体将会陷入被外在强制力量或者内心强加给自己的压力所控制的感觉（Deci and Ryan，1985）。自主需求主要开始萌发在大一第二学期，即教育环境提供了专业选择机会时，或者接触专业课程之后，开始思考具体专业方向选择和本科后发展路径时。

自主需求驱动为主的动机阶段，一般最早开始萌发于大一第二学期（极少数学生入校前就有明确的专业选择倾向）。因为大一第二学期，外界教育环境为学生们提供了可以自由选择的学习专业。学生们开始可以自主选择是否转系，兼修双学位或者是辅修专业，以及可自由地选择是否出国交换、自主科研项目支持、社会工作、社团活动、实习实践等丰富的课外活动。

具体而言，T大工科生申请转系的人数为近 400 人／年，申请双学位的人数为 1100 余人／年，申请辅修专业的人数为近 500 人／年。同学来访学习发展中心咨询的问题，除了各项学习能力提升以外，基于个人发展目标的探索、专业选择的问题则是最多的。作者在咨询室深度访谈的就有 25（66%）位咨询过关于专业选择，国内读研或出国深造等学业规划问题。在这个过程中，工科生的学习动机指向不在是课程学习知识本身，而是面向未来的自我探索与发展道路选择。当工科生描述第二阶段自主需求时描述如下。

一位来自四川，就读于电气工程及其自动化专业的大四女生谈到她从化工系转到电机系的过程：

> 我转系有几方面的原因。一个是我从大一就开始思考要不要出国这个问题。然后也跟很多学长学姐聊，当时（他们）给我这样的信息，在化工系你想以后平台更高，大部分人会选择出国。包括我曾经的同学是化工系二级班，以他们最后毕业本科走向来看，大家可能成绩在前面的都出去了，大家还是会觉得出国去念比在这个领域（继续深造更好）。他们可能会做一些材料或者什么各种电池什么，很新兴的科技，对这个专业还不错。单纯从就业上来说，其实可能国内的化工行业，他们不会特别满意。我觉得他们对于专业认同度也不是特别高。我那些仍然在 T 大保研化工系的同学，他们都是会参加一些什么会计师考试什么的，留下来的都想转行那种的。要么就是女生也不愿意进化工企业，觉得环境什么都不满意，反正我感觉（专业）认可度不是特别高。然后当时就在想我要不要出国，因为我不太想留下来，就业什么一般，但出国我当时又不想读博士。当时可能我跟一个老师在他们（课题研究）组了呆了

一段时间，我感觉可能是有一些挫败感或者什么的，我当时特别觉得我不适合去读那么几年的博士。最关键可能还是因为我父母，他们从一开始就特别想让我转系。我父母都是电网的，他们都觉得女孩子既然不想出国读博士，要在国内工作，他们建议我转电机系，在电网里做很稳定。但是，我当时其实有一点抗拒，我觉得因为他们说实在的，太想让我转了，以至于我就在想，这个稳定有这么重要吗？这个时代又不是说那么担心找不到工作，大家那么多T大毕业的，又不是每一个都得跟父母所做的行业相关。反正那段时间也是跟他们商量了很久，反正也挺复杂的。我大一的时候我们学校大一、大二的时候都可以转系。我大一的时候他们让我转，我经历了这个过程，我当时把转系申请表都交了，后来我又不想转了，因为我觉得我妈太烦了，我就想象着，我就能看到我十年、二十年以后的生活，而且我觉得天天都跟他们在一起，就差不多能想象到。然后我就说不转了，然后我就把那个表拿回来了。最关键的是，我大一没转之后，就开始跟我爸妈好好聊聊，当时他们就表现出来感觉特别理解我，就支持我，就觉得那你既然想清楚了，我们都支持你，没问题。如果你以后想出国也没问题，我当时觉得他们还挺好的，突然又很通情达理。结果大二的时候，我记得是每年快到中期之前，会挂那个转系的通知，我都不知道他们在哪看到的，然后我妈有一天给我打电话说，你看到了吗？我仔细地看了一下，大二还可以转，我挺生气的。我想他们一直心理耿耿于怀（这个事情）。跟我那段时间总是抱怨，好烦，他们可能觉得我不是特别满意。当然那段时间，可能我自己也想了一些东西。可能我确实也觉得，在那个专业机会比较少，那段时间我可能觉得我还是挺想学电类的专业，像电子什么，我当时想学电子系好辛苦，太辛苦了。然后可能也有一点心理，我就想我妥协这一次，就跟他们说，要是我真的转了，我以后比如说有自己想做的事情，他们就不要再管我了。我当时有一点点小的想法就是，我觉得我将来有可能想创业，我要是转了系都听你们的话了，下次就能让我去创业了。我当时是这样想的，比较纠结就转了，还降一级，多读了一年。时间成本还挺高的。（2017-03-SDFT-06）

一位来自江苏，就读于土木工程专业的男生，入学前专业选择时原本内心很喜欢数学，但由于家长的劝说也是妥协进入了工科学习。但当有机会选择后，依然选择了自己喜欢的数学专业学习。他谈道：

我大学之后学了一个数学系的双学位，是和数学系那边一起上课的，所以我也算是学了一些理科方面的课程。因为报志愿的时候，招生那边的老师知道我有数学方面的想法，他建议我大学之后有精力可以学这个双学位。后来是大一下学期的时候，数学系双学位招生有一些宣传的讲座什么的我也去听了一听，感觉还是挺适合我的，然后就去学了。（2017-03-SDFT-05）

到了大三，许多工科生开始接触专业课程，认识自己和其他的专业学科。但学生们主要考虑的是接下来自身的发展路径。

一位来自自动化系的大三男生谈道：

上大学之后我发现，自己对计算机方面这东西挺感兴趣的，然后任选课的时候也就修了一些计算机系的一些课程，现在也在考虑就是将来，看看有没有可能到他们系那边。（2015-12-ZXFT-001）

我们说实话有方向的选择还是从大三下学期开始的。因为我选择的这个方向结构，它在大三上学期之前是没有什么相关专业的课程的。然后我是上的基础工程这门课的时候觉得它研究的东西比较有意思。我和那门课的助教的学长也认识，也跟他聊了一些相关的东西，跟他聊了之后觉得对这方面的内容还是比较感兴趣的。在那之前就知道我们系是做结构工程的方向。我自己还跟一个交通工程方向的老师做过一个因材施教的研讨课，就是类似跟着他做点科研的东西。然后还和一个做跟土木工程有关计算机方面技术的老师也做过一段时间。但是这两个课题研究我做完之后都觉得不是很喜欢，所以就只能说是排除掉的两个方向吧。（2017-03-SDFT-06）

一位来自天津工程物理系的男生谈道：

最重要的原因，就是对自己的预期和对一些未来方向的一些构想。这是影响学习动力最重要的方面。因为当时进入大二我就想，可能是大学一年过的太快了，可能大二、大三也会过得更快，如果不早打算自己人生的话，以后等到大三再打算的话（会很被动）。因为之前认识大三的学长，他们推研（保送研究生）都非常着急，不知道推哪个方向。我就感觉到不应该像他们那样慌，所以我就看一下自己到底是否喜欢科研，如果不喜欢科研的话，那么我就感觉得去学习其他的方面。或者是（弄清楚）自己是否喜欢国内的那种氛围，如果自己不适应国内氛围，可能也有打算（出国）。想用大二这段时间来发现学习这方面的兴趣。（2017-03-SDFT-02）

一位来自河南，就读土木工程专业的女生谈道：

我在（香港理工大学）那边上的课也非常少。所以基本上就是每天除了上课写作业剩下的时间就是玩和思考人生，非常认真的思考人生。因为大三下学期一回来马上要面对你是推研还是出国还是工作的选择，所以大三上学期这个放松的过程也让我想了更多，到底哪一条路是我应该走的比较适合我的性格，是我想走的。首先工作的话我自己比较否定，因为我想现在本科学历不值钱了，为了自己以后有更好的竞争力，肯定还是想再读一个硕士。我自己对科研方向的兴趣不是特别大，所以否掉了博士这个选项。我就想读一个硕士，再提升一步自己拿到一个更高的学历，出去能够有一份更好的，更能展现我工作能力的工作。所以我在校内推研或者出国中选择。最后没有选择出国的原因，一是因为我的家庭条件比较一般，我的父母都是工薪阶层，在乡镇做教师，所以收入是支付不起我出国的费用。推研的话在国内一个是相对稳定，离家比较近。如果是我最后想要回国工作的话，就算我出国了父母也希望我最后能回国发展。所以要回国发展的话，与其在国外读一个一年制的这种授课型的硕士，大家都知道你这个含金量不高的硕士，我觉得还不如在国内踏踏实实读两三年研，拿到一个 T 大的学位可能在国内认可度更高。就是这样想的。最后我就选择了推研。（2017－03－SDFT－03）

然而，在工科专业的教育环境氛围中，自主需求的满足有前提条件，即学习成绩要足够好才能获得后续发展的选择权。因此，工科生们对于未来发展的自主需求，则非常迅速地就被引导至学习成绩的竞争中。一位来自河南，就读土木工程专业的女生如是说：

被访者：我交换的那个学期感觉非常的轻松，这个课学会了就行的，不计入学分绩，我不用一门课怎么再多考两分，没有这种状态。只要在 T 大就会有这种想法，每门课都硬着头皮考到 90 分。不仅大一、大二，到大三也是这样的，大四也是这样的。只要我考这门课当然是考的越高越好，一直到考试前的一个小时整个人都是一个紧张缩成团的状态，就是这门课本哪怕再考两分我这个学分绩都能提高 0.1，每天都在这样想。

研究者：所以学分绩对你来说很重要？

被访者：很重要。我觉得对基本上大部分同学来说都很重要，不管是保研还是选择出国，你最后都是有这个指标卡在这里的，你出国要完成成绩单，你在系内保研更不用说了。我最后的成绩在我们系里，因为我没有什么额外的比赛的加分，所以我是基本上裸着学分积跟大家在比。仅算学分绩的话我可能在系内排的是 30 多名，其他人加加分，零零碎碎的我就被挤到 35 名。35 名是一个什么概念呢？我的学分绩排在有直博资格的最后一名，就是我以上的人都是有直博资格的，我以下的人就是你没有去参加直博申请的机会，你最多只能去拼一下硕士或者工程硕士，你要想直博是没有可能的。（2017-03-SDFT-03）

受访者：我觉得对于我而言，学习最主要的原因就是自己目前的成绩吧，然后更深了说，就像我一开始我想继续读研，也有可能出国这些，其实都是（学习）成绩还是很重要的。所以我觉得让我的成绩尽量保持在比较好的水平上，这个是很重要的一点。

研究者：你当时发现那个成绩有哪些作用啊？什么时候有意识的？

受访者：我觉得成绩这个东西就是从刚进大学，（师兄师姐）就跟我们说比较有用。然后最明显的一个就是，我们当时有一个分为结构方向和建设管理方向这样一个活动，在大一下学期。然后成绩好的同学你去选你就想选什么就选什么。你要是成绩不好的同学你可能，哪个专业人多了，就被调剂掉了。大概到 70 多名（的同学）有选择权。因为人也比较多，一共有 100 多人。（2017-03-SDFT-05）

这位来自四川，就读于电气工程及其自动化专业的大四女生也谈道：

我转到电机系后，氛围就变化了。电机系可能是 100 多个人，基本上能保研的都保研了，我们出国的特别少。所以我们学习压力很大，（大家）都是想保研，但是这几年保研政策也变得很紧张，名额也变少了。（2017-03-SDFT-06）

以下的案例可以看出，竞争自主选择权的共识是如何在工科专业文化氛围中构建起来的过程：

受访者：到了大二上半年，因为自己以后要出国或者科研，或者是推研，这些机会都跟学习成绩挂钩。加上跟一些学长交流，觉得这个（学习成绩）是应该努力。比如大二上涉及到一些奖学金的评定，通过这件事情知道学分绩还是挺重要的。然后，进入实验室，跟老师交流，一般问老师我要想进实验室的话，他们会说需要什么样的成绩的要求，就觉得这样（成绩好）是必要的。

比如说最开始，刚入学的时候，辅导员会开奖学金大会，因为每个系都要评，基本上评的标准完全是靠学分绩，还有素（质）测（评）。素测的话，大家成绩都差不多，基本就看学分绩了，完全是按照学分绩排名来评奖学金。可能当时这个也没有太在意，虽然也是评上了，但是也就是还行的奖金。

之后我接着就去我们系实验室。我感兴趣的大部分实验室都问了一下，就是找老师问，老师基本上也这样说，肯定会涉及到我以后要推这个方面具备什么样的要求。一般像好的方向，老师一般都会说学习特别好的来我这儿，基本上他也就暗示了学分绩的重要性，所以自己就觉得这个方面很重要。

然后学分绩的话，我觉得还是跟很多机会挂钩的，比如说评比思源计划，比如说挑战杯，比如说那种出国的机会。（这些机会）一般刷名额，出国看英语成绩，然后这个看你学分绩的排名。基本上在 T 大来说，我的经历，基本上一些大型的学校评比活动，或者是系内的评比活动，如果不是那种特别专向的，如志愿、公益的，一般多多少少都会看你学分绩的。比如说一些社工经历，比如说你要竞选什么部门的一些干部，它之前也没有看你做什么，第一印象就是填个表，因为表里面都会写到你排名多少，学分多少。学校虽

然说看淡学分，但是在无形之中哪个表格都要填这个内容，已经是把这强化了一下。（2017-03-SDFT-02）

除了转系、选择双学位、升学目标等重大决策以外，工科生在日常的学习过程中也开始基于自身的价值与兴趣自主地选择学习的内容。有代表性地描述如下：

> 除了 GPA，像我学的数学系双学位那边的课，学这些课学习的动机主要就是个人兴趣了。所以，其实上数学系的课面临一个情况就是，可能有些课我会觉得他比较有意思，然后我就学的比较好一点，然后有些课我觉得没有什么意思，我学的就比较差一点，然后能及格能过关就行了。（2017-03-SDFT-05）

一位来自工程物理专业大三的学生谈到自己的自主选择：

> 我觉得学习的话投入少一点努力也行，成绩也不用落后太多。之前大一上、大一下、大二上，三个半年的（时间）基本都（放）在学习上，就感觉自己很多机会都没有参与。比如说学校的很多资源都没有体验到，大二下我就多去参加一些讲座，多看一些电影，多听听音乐会，就是咱们学校这些比较好的资源，票也不要，可能都做了这些方面的事情。感觉我这样之后，和其他同学有些不一样。比如我们宿舍的同学他就一直宅在宿舍，也不去学习。我可能就多了一些经验，看到这方面的好处了，我参加社团，认识的同学多了，你见识就广了，可能有一些好处，我自己觉得这个方面的好处可能比以后学习更重要。因为学习，可能学了一些专业知识，学分绩的话，大部分人看来，可能推研之后就没有用了，或者就是一个门槛，但是积累了人脉或者一些人文素养的东西，对自己影响更大。所以我更偏向于这个方面的学习了。之前学的东西虽然取得高

成绩，但是基本上一年不接触都忘了，学到一些经验和交到的朋友，可能他们对自己的影响作用更大一些。（2016-12-ZXFT-004）

这位工科生在内心完成了工科环境下学分绩的要求与自身发展需求的整合，从而确定了自己的大学学习目标。

研究者：虽然理工科学习压力挺大的，但是你好象觉得压力也不是太大。

受访者：因为你对成绩没有过高追求的话，可以保证每次基本上中等水平就可以了，你就会觉得压力不是很大了。像那种大神都会追求90+那种的（成绩），考下来95分都觉得难过，这个不一样的。如果理工科想学的特别好的话，的确特别难。但是如果你想保证一般的话，虽然也会有压力，但是压力相对来说不会那么大。如果按照一天24小时来说的话，我肯定（花在）学习上比社团工作多很多，这个肯定毋庸置疑。但是如果相对于一般人，相对于普通同学，或者一般参加社团工作的人，我的社工时间要比他们多很多。

因为每个人阶段目标是不一样的。首先高中阶段，当时想着考大学，虽然也不知道考哪个大学，但是还是要考大学。最后学期过了，学习好的人才能考上大学。那时候就是这个目标。到了大学，我绝对不会再像高中那样学了。上大学之前我就决定了，我这种想法已经很成熟了，我就想着我一定会拓展一些其他方面的能力，不要还像高中那样，那大学四年就完全没有意义了。大学这种环境，高中是一个纯象牙塔的地方，到了大学，我觉得大学可能象牙塔要往外迈一点，可能是象牙塔外面的院子。等到大学毕业了，或者研究生毕业了，那就是出了这个院子，它是一个一个过渡的，如果你大学还是在象牙塔，你不到外面的院子来看看，突然猛的一下把你放到院子外面，会很不适应的。因为你要出去工作，除非是有可能去一些科研单位，比如说研究所这种，那倒没有关系，反正大家一直在象牙塔里面，那倒是可以的。但是我相信大部分人还是会面向社会的，去一些公司工作。我记得我原来看过一些调查，在用人单位看来，他们有一个排名，觉得 T 大（毕业生）最差的就是团队合作能力，或者是一些在公共演讲方面，或者是与人交流方面，这些能力都是 T 大人特别差的。因为大家现在都在学习，反正大家交流的也就是题目，今天这道题怎么做，明天那道题怎么做，大家只会交流这个，不会说其他的话题了。这样你到一个公司里去，你可能从事的和你专业一样的，但是并不是所有人都会每天跟你一样的只会搞科研，你肯定会有很多杂事，你肯定有一些社交方面的活动。所以我觉得大学应该从象牙塔往外迈一步。……有些大神的确是无法超越的，是学神。所以你并不要想着用你自己不擅长的地方去败人家擅长的地方，你要找到你自己擅长的地方，我觉得我就特别擅长与人交流，或者是公共演讲方面，或者是其他的动手的事情，我就是擅长这些东西，我觉得我在这些地方我就会如鱼得水，我就会觉得我表现起来特别自信。（2016-12-ZXFT-004）

当自主需求得到满足后，工科生体验到的是自主决定学习与未来发展的快乐、自控感和幸福感。然而，如果工科生自主需求的满足受到了阻碍，比如想不清楚自己的发展目标，GPA 的排名靠后无法获得自主选择权，则会面临迷茫、沮丧，学习动力也会随之降低。这种情况在有几类工科生群体中更为突出：学习成绩排名靠后无选择权的学生，感觉未来被确定没有选择的定向生，以及对本专业的前景不认同的学生。

一位来自云南，就读于电气工程及其自动化专业大四女生说道：

我当时真是那个学期一直想约学校心理咨询中心来着，太挤了没有约上。那个时候特别想转一个专业，但是成绩差人家不要我转专业。我当时好痛苦，报一个双学位，双学位成绩也差人家也不要你。当时真的是，我都想退学重考换一个专业。当时觉得说是不是过了就好了，那个学期真的是状态，那个学习成绩也是最差的，状态也是最差的一个学期。我妈就说，那个是他20年来见我最压抑的半年吧，我每次跟他打电话状态就特别特别不好。觉得说学习也学不好，系里很多东西压你很紧，比如说我不想往这个方面发展了，我就想在这个专业毕业我可能想干点别的，其实没有让你喘息调节的时间。（2017-03-SDFT-11）

这位来自河南就读于化学工程专业的女生谈道：

我觉得工科有人学的好，但像我这种不感兴趣也学不好，我觉得我没有必要在这上面浪费我的时间了。但是我是定向生，违约要交很多违约金。我没有别的选择了，我只能学这个，也不能转专业，毕业以后五年还得在定向的化工单位干活，已经没有别的选择了。现在就是努力的让自己适应试验室的生活。我一直很想去试验室的，但早上起不来，起来之后又磨叽，上午不会去，下午睡个午觉也不用去了。我现在就是努力让早上九点去，下午五点回来。但我自己喜欢也会修一些人文方面的课，老师会推荐书，我是通过看书解决困扰我的一些问题的。书上可以教你怎么培养习惯。我最近是看了一本书，把时间当做朋友，对我帮助很大，上面的东西特别简单，有一次看书的时候我突然发现简单的东西不一定就比高深的东西要廉价，对人也可以有很大的帮助，学的时候会有乐趣。（2017-03-SDFT-09）

受访者：就是有那么一次，我们曾经就是做过一个主题团日，这个团日的时候我们就请来很多的学长，谈他们择业的道路。一些学长就比较平坦，一路顺风的那种，有一些可能由于选择上的事情，就非常的坎坷。例如某个师兄从事的工作感觉和自己的专业、自己的兴趣都完全的不相符合，而且在他工作上，并不能体现出来学那么多年专业知识的价值。看到这种事情的时候，我感觉那段时间挺消极的。就是感觉自己现在做的很好，可能到最后有一些选择性问题的时候，反而自己学的知识，并没有得到很好的应用，自己投入不到自己平常喜欢的工作当中。

　　研究者：你听了别人的经历之后，你就会联想到如果自己也选择不到一个合适的职业发展路径，其实现在学也没用，然后就会比较消沉？

　　受访者：比较担忧比较消沉那样子。

　　研究者：那会持续多长时间呢。

　　受访者：时间蛮长的，我觉得持续了一个月这样子。后来好像是经过我们一些同学，大家都在一起开这个班会，大家同样有这样的感觉。最后聊了聊之后发现，我们坚决不选某些道路，这样的话我们就会尽量避免这种情况发生，后来才慢慢走出（担忧和消沉的情绪）来。（2014-12-SJFT-008）

这位来自河南就读于化学工程专业的女生谈道：

　　特别是我在大三的时候，我自己接触人的原因，就（有人）告诉我你学这个专业以后找不到工作。我那时候就接触到特别特别多的人这么说。还有我出国暑期科研也是在那个学校读化工博士的学姐，我问她出国读化工的（意见）。她直接问我说你喜欢这个专业吗，我说我不知道。她说你不知道就不要读了。我不知道为什么我遇到的人全是在告诉我这个专业找不到工作，就让我心情特别不好，学这么难还没有用，我就觉得好绝望，就觉得自己的时间浪费在学这么难还没有用的课上。我现在可能准备出国转专业到统计，统计好找工作一些。（2017-03-SDFT-10）

随着市场行业的变化，有的工科生在确定了研究生的发展路径后，仍会继续探索自己的发展方向与路径。由于工科压力较大的培养方案设置，以及为了获得自主选择权的学分绩竞争，部分工科生会在研究生期间开始发展探索，从而满足内心的自主需求。

　　我们选择这个专业的时候整个中国的房地产产业还是出于一个相对蓬勃的状态。从 2008 年到 2013 年都没有一个颓势，突然到了我们要毕业这两年，房地产突然就低迷下去了。设计院也不怎么招人了，房地产这个门槛也相对拔高了一点。整个就业变得形式不是特别的好，然后大家就会觉得，那我这个专业又累，我累了那么多年，我就业还不好，我为了什么。你进来的时候是一个朝阳产业，你出来的时候就是一个夕阳产业了。有的同学可能这个心理的怨悔的情绪比较强烈就转行了，可能比较多的转金融和计算机。我们班转金融的至少有两个，计算机方向的我知道的有 1 个，要出国的。可能还有我不知道。

　　我想过转型，但是我对这个学科也有兴趣，但是不是特别的浓厚。我对其他的学科也没有特别浓厚的兴趣，也没有特别针对性的目标。我对哪一行特别的感兴趣，我马上转到这个行业上来。我以后也有可能会转行，就是我顺利毕业之后也不见得会从事土木行业的工作。但是我还是处于一种我没有想清楚的状态，可能我读硕士也是给我自己一个缓冲的时间。我不确定自己未来的几十年的工作是不是一直要在这个行业里面从事。因为这个行业相对来说对女孩子也比较苛刻。第一个很多公司招员工的时候就不是特别想，比较苦的行业，比较累。第二个在这个行业吃饭肯定是够吃饭的，能活下来，但是未来的发展的空间到底有多大，我觉得跟计算机、金融这些近年发展比较迅猛的信息行业比起来，（土木）的发展空间相对比较小一点。非常俗气的拿薪酬的发展空间来讲，就觉得可能不是特别的好。想清楚我自己以后到底（干什么），可能我放飞一点，我以后就变成自由职业者了。实在不行我还有一个退路，能够在土木行业能够进一步的发展。我希望最好的情况是，在读硕士的期间内能够有一段时间在其他行业进行实习，然后看我自己是不是适应这样的状态，是不是能够达到这个行业对我的一些要求。如果我毕业以后转行的话，我能不能尽快的上手，能够在这个行业有一定的发展，是有这样的想法的。可能想到金融行业去做一做实习，或者更放飞的文科的专业，因为我自己对电影和文字类的东西比较感兴趣，也有可能是不是做一些编辑类的工作，或者是这种也想尝试一下，也有可能。(2017-03-SDFT-03)

自主需求的出现往往也连同能力认可需求。比如在作者咨询辅导的学生中，他们显示出较强的认清自我擅长能力的需求。他们对思考清楚自己的兴趣、价值观与现有能力，表现出了强烈的好奇。同时他们也需要调研将来想从事职业或者升学学校的客观情况，这些都需要基本调研方法的训练，以及充足的自我探索的时间，需要教育环境给予支持。比如这个学生的描述则体现了对自我的好奇：

在香港待的半年之后，（我）每天没什么事就空想，想我学这个专业，我对这个专业的兴趣到底有多少，我到底喜欢这个专业吗？我在学习的过程当中，我并没有感觉到非常的快乐，求知探索的欲望也没有很强烈，我到底为什么是在这个专业里面这样待着。就是思考这些问题。如果我换一方向的话，会不会对我自己更加有好处。我对自己的欲望的评定的标准就是我在想象，如果我坐在办公室里面，一份工作或者几份工作，坚持一直做到我退休，我能坚持下来吗？我会不会觉得对我自己的心里来说是一种很大的负担。如果我去选择另外一份工作的话，我的心相对愉快，我的人生更加有意义，过的更加丰富多彩。我去想这样的一些事情。慢慢的就想我可以往其他的方向发展一下，有些事想想真的没有那么愉快，在土木这个行业。

我的期待说起来很缥缈，在一段时期内是一种充满了兴趣和饱满的热情的状态在工作。就是一种怀有热情的工作，而不是为了工作而工作，为了糊口而工作。但是饭是一定要吃饱的，但是不能为了吃饭而吃饭。就是说虽然我们没有像高晓松师兄可以不要眼前的苟且了，只有诗远方了。但是我至少也要苟且一番再去远方，就这样想。

我大一在电影协会，那个时候（我）非常喜欢这个电影和电视剧的这个方面，自己特别的喜欢。我一年365天至少得250、260部电影，美剧这样加在一起。所以就是非常感兴趣，跟一群志同道合的人在一起，大家兴趣也相通，年纪相仿，可能虽然对某一些专业的看法观点会有不同，但是大家这种思想碰撞的感觉是非常好的。你知道这些人跟你想的是差不多的东西，你们有一个大致的热爱的方向，可以聚在一起做这种事情，非常的愉快，相当愉快。但是大二的时候，一个是大一下学期快期末的时候，因为我自己谈恋爱的事，当时比较沮丧。第二个因为学习，到大二的时候反而忙起来，这个就淡下去了。（加入电影协会）可能是我大学做的最开心的一件事。（2017-03-SDFT-03）

通过归纳工科生在第二阶段学习动机的形成过程，可以绘制出第二阶段的学习动机变化过程图（见图5-13）。

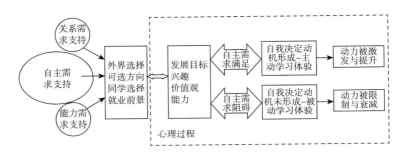

图5-13　自主需求主驱动的学习动机发展阶段与机制

在图5-13中自主需求的支持包括（1）提供学生选择机会和鼓励个体的主动性，比如提供课程选择、转系、双学位、辅修、出国交换、发展路径的选择机会；（2）对要求的行为提供基本原理和解释，比如对选择环节的设计原理、各专业的情况、未来就业情况等；（3）站在他人的角度考虑问题和承认他们的情感体验，比如教师们对学生选择时所持的价值观，了解为什么如此重视 GPA，也承认他们的努力以及学习和选择过程中的艰辛；（4）减少控制行为的使用，比如引导学生不要转系、不能参加实习等控制行为。外界的自主需求支持会引发学生针对选择的客观信息搜集，包括可选择的方向的详细信息、其他同学的选择、面向就业与未来发展的前景信息。随后，外界的信息会与学生对自己的认识，比如自身的兴趣、能力和价值观的预期互相构建整合。当这个过程自主需求满足之后，工科生的学习动机将会被激发与提升。如果自主需求阻碍，则会出现学习动机被抑制与衰减。在这个过程中，能力需求依然存在，因为伴随着要在竞争中获取选择权的能力竞争，以及专业课程难度的新一轮能力需求驱动阶段。所以这个阶段是自主需求为主，能力需求为辅的并存状态。

通过以上还原 14 位工科生最初选择工科专业就读决策过程，本科学习情况和学习劲头、信念的变化过程，作者发现：工科生的学习动机形成过程并不是所有需求和问题一并解决，而是分为两个阶段——以能力认可需求驱动为主和自主需求驱动为主的阶段。在这两个阶段，外界的教育环境如果对工科生能力需求与自主需求支持较多，就能帮助他们形成自我效能感与自我决定感，从而激发和提升学习动力。汇总两个阶段，作者归纳出工科生的学习动机变化过程见图 5-14。

如图 5-14 所示，工科生学习动机发展机制有明显的"两段进阶"特征。第一个阶段是以能力认可需求驱动为主的内化过程，这个阶段常常在大学低年级时期度过完成，仅有少部分学生在高年级阶段仍未完成。第二个阶段是以自主需求驱动为主的内化过程，常常发生在高年级阶段或者完成第一个阶段获得自我效能感之后。第一阶段向第二阶段升级的关键点是工科生的自我效能感。当工科生觉得自己是可以胜任此学习任务，具备了选择权的实力时就会更加愿意学习，开始进入第二阶段

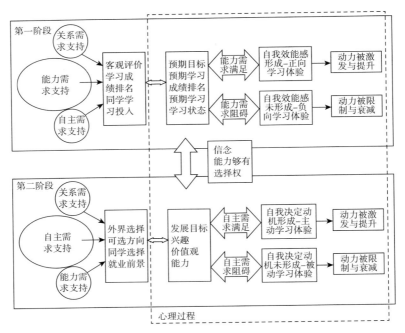

图 5-14　工科生学习动机发展机制图

自主需求的满足。这一发现在第一轮和第二轮收集的 44 位工科生数据中得到了验证，而在文科生的动机过程数据中却较为少见。文科生更多的是第二个阶段的过程，除了在学习经济学双学位等理科课程时会出现第一阶段的动机过程模式，绝大数均是自主需求驱动的内化过程。表 5-8 是笔者所访谈的案例中，"两段进阶"动机过程出现频率的统计表。

表 5-8　学习动机阶段特点在不同群体样本中的出现频率

单位：次，%

专业大类	一阶段内化过程		二阶段内化过程	
	频次	百分比	频次	百分比
工科	0	0	44	100
文科	6	75	2	25

除了词频分析的证据，在笔者实际进行学业咨询辅导时，许多工科生的案例均出现"两段进阶"的特征，无论是学习成绩好的还是学习成绩较差的学生。例如，在作者接待辅导一位来自汽车工程专业、内蒙古自治区的大一工科生（2015-04-ZXFT-027），总计4次咨询辅导的过程中，第一次来访是在大一第一学期期末，主要诉求是想解决学业问题。该生一个学期选修了30个学分，到了期末考试觉得自己无法同时完成如此多门课程的考试与作业，很是焦虑，因此前来中心寻求辅导。作者协助他完成了考试周与前两周的时间安排，明确了每门课程的具体可实现的目标，并根据课程的难度与重要程度排序了精力与时间投入，最后辅导他准备考试的复习方法。最终，该生顺利度过了第一个学期的考试，并获得了年级排名前20的好成绩，能力认可需求的满足。这次成功的大学学习体验使他获得了成功完成大学学业的效能感。到了大一第二学期该生又再次来访，期待辅导学业规划问题，这个学期的选课，课外活动安排，以及是否选修双学位辅修问题。到了大二第一学期该生再次来访，期待辅导学业规划问题，个人职业兴趣的探索以及推研与出国之间的选择。后两次的来访，该生的主要动力驱动成为第二个阶段的自主需求。在这个阶段虽然也有能力需求，比如也咨询过如何进一步将学分成绩提高到3.5分，从而确保自己能够保研，但其明显的动机还是为了获得保研资格的选择权，属于自主需求驱动特点。

在对比学习动机高低不同组别样本发现，相对于高动机组的样本，低动机组的工科生谈到自主需求明显较少，他们的动机特点往往仍停留在第一个阶段。这一发现也在作者咨询的个案中可以验证。低动机的同学来访问题更多的是需要提升学习能力，解决学习中的困难，期待努力证明自己，形成自我效能感。而高动机的同学来访问题更多的就是满足自身自主需求的学业规划类问题，获得自我实现。

在分析了工科生学习动机"两段进阶"的特点之后，第四章的工科生使命感较弱的初步研究结论则可得以解释。工科生在第一个阶段遇到的能力挑战会抑制他们使命感动机，从而影响他们的学习行为与学习效果。因为无论是正面的学习动力较高的案例和消极负面的案例发现，工科生学习动机形成的过程，首先要面对一系列的学习挑战，在学习能力方面形成一定的自信来克服学业挑战，然后才能进入第二个发展阶段——自主需求驱动的阶段。然而对于大部分获得了自我效能感的工科生，在第二个阶段需要获得自主选择权的学分绩排名，学习动机再次被教育环境构建聚焦在升学的现实需求。所以他们的使命感动机再次受到抑制或者蒙昧而未被激发。然而第二个阶段才可能是使命感动机能得到激发和强化的阶段。对于另外一部分工科生，尤其是负面个案的分析中发现，在工科生需要面对学业挑战，提升学习能力的时候，这个过程有一些抑制性因素会导致他们无法迈过第一阶段，顺利进入自主需求的第二个阶段，就这样使命感动机就在第一个阶段过程中完全被抑制了。第二阶段他们无法进入，也就没有办法激发他们的使命感学习动机，从而无法成为该阶段的主导动机，促进其学习行为与学业表现。

而第四章发现工科生自我挑战动机较弱于文科生的初步结论，背后本质的原因是，工科生学习过程中的外界挑战已经极大地超越了工科生对自身的挑战。大部分学生想要顺利地完成学习任务已经达到了自我挑战的极限了，他们更多地是被动地完成任务，或者为了考得高分而努力学习。少部分学有余力地的成绩优异者则仍然保持了自我挑战的学习动机，他们中许多是由于之前高中的知识学习积累或者非认知能力基础好，将会顺利度过第一个能力需求的动机阶段，并以优异的学分绩获得了第二个发展阶段的自主选择权，从而可以开启以自我挑战为目的的学习。这也与第四章发现自我挑战学习动机越高，学习成绩越好的研究发现互相形成了印证。

三 教育环境阻碍工科生"两段进阶"学习动机因素

在发现了工科生学习动机两段进阶的特点之后，接下来仍要进一步追问：哪些教育环境因素抑制了工科生能力认可需求与自主需求的满足，从而导致他们的学习动力无法顺利地被激发与维持呢？

1. 能力认可需求阶段：影响动机环境因素

进一步分析发现，在第一阶段，阻碍工科生能力需求满足，从而最终导致抑制学习动力的教育环境因素包括：部分课程学习内容难度；学生学习能力基础差异；缺乏多元正向的学业表现反馈。这些因素使得工科生在学习过程中感受到挑战极大，难以形成自我效能感，体验多次的挫败感，从而不断抑制和衰减他们的学习动力。

针对部分课程的学习内容难度，教育环境需要搭建脚手架，为不同基础的学生提供更加专业、耐心和细致的进阶课程和学业辅导，支持他们满足能力认可需求，学懂、形成效能感。来自上海，学习成绩在建筑技术专业排名后 20% 的的女生如是谈道：

> 我的基础原来这么差。比如说老师第一节数学课，微积分课，老师就说求导我就不教了吧，你们高中肯定都学过，我当时就有一种内心很奇怪的感觉。但我又不好意思问同学，因为我觉得当时的心态就更像是我们所有人都是佼佼者，问了别人之后别人可能会觉得这么简单的事情你都不懂，我觉得我们系其他班都有这种感觉。（2017-03-SDFT-01）

一位来自云南，就读于电气工程及其自动化专业大四女生说道：

> 当时我记得是上微积分，因为我们其实微积分怎么说呢，更像是高中好多的数学竞赛的一些基本的内容就是大学的数学。当时了解的特别少，学微积分学的特别特别吃力。当时就感觉是天书一样，一教证明我就蒙。还有当时大一有一个编程课，我们在之前真的完全不知道编程是什么，这一点都不了解，来了突然就让你编程了，那个老师讲课我真的不太懂。我真的一听他讲课我就不行了，编程跟微积分这两个课是我真的头都疼，完全不知道在干嘛。（2017-03-SDFT-11）

尤其还有一部分同学在基础的非认知能力，如人际交往、合作学习等方面基础上存在差异，也都会导致无法度过第一个能力认可需求阶段。例如一位来自北京，就读于机械工程专业的男生谈道：

　　研究者：你刚才说找不到题做，当时没有想到问一下同学他们做什么题吗？

　　受访者：这就是我跟人的交流能力比我成绩还差，是这样的。跟同学怎么说，当时也属于不太交流，或者本身这个事情我就学的不怎么样。我还觉得自己能学好，属于一种实际上不怎么好，还觉得自己能好的时候，我肯定是完全不会去问的。

　　访谈者：你当时其实还是觉得自己能学好的，很相信自己能学好的。

　　受访者：就是高中之前我肯定向别人问问题的，这样一种状态。我要问问题的话直接去问老师，也不会跟同学问。我没有跟同学请教的习惯。就包括我找不到题我去问他们，几乎不会。老师的话我也没想过问，就感觉老师也不关注其他的事情，大学的老师也不会说去做哪个学习册这样的，很少。（2017-03-SDFT-04）

在遇到学业挑战之后，学生往往又随之会引发负面情绪等心理困扰，这也需要更加专业的心理指导，以及基于学习能力评估的专业选择机会。

这位来自云南，就读于电气工程及其自动化专业大四女生说道：

　　就是因为当时电机学和数电，像数电这种有大作业什么的。我当时真是那个学期一直想约学校心理咨询中心来着，太挤了没有约上。那个时候特别想转一个专业，但是成绩差人家不要我转专业。我当时好痛苦，报一个双学位，双学位成绩也差人家也不要你。当时真的是，我都想退学重考换一个专业，当时觉得说是不是过了就好了，那个学期真的是状态（不好），那个学习成绩也是最差的的，状态也是最差的一个学期。我妈就说，那个是她20年来见我最压抑的半年吧，我每次跟他打电话状态就特别特别不好。觉得说学习也学不好，系里很多东西压你很紧，比如说我不想往这个方面发展了，我就想在这个专业毕业我可能想干点别的，其实没有这个时间调节。到了小学期这个症状就更严重了，我做梦都梦见老师来查我大作业，真的。（2017-03-SDFT-11）

对于在第一个能力需求阶段遇到较大挑战的同学，他们需要老师的关心与正反馈。这个访谈对象来自广东，现就读于化学工程专业的男生。他大学前两年一直没有度过第一个阶段，直到大二的下学期获得了老师的正反馈，才开始进入第二个阶段。他认为当时最需要的外界支持就是：

多给一些靠后的同学一些鼓励，比如说你奖学金各种荣誉是给比较靠前的同学，他们本来就比较厉害，不断的接受到正反馈，靠后的同学就是没有办法了，没有人管你了。反正是我感觉说有辅导员也没有什么大用，我的感觉都是靠自己，父母不了解你的情况，我也想找个咨询的，碍于面子，就是靠自己。还有我运气比较好，有老师鼓励一下，给我点正反馈，我才上来的。我们的环境对后面的同学关怀比较少，不一定要说出来或者是怎么样，就是能够给一点正反馈，让我觉得我努力了，我成绩没有上升，但是别人可能是会看得到，对我有一定的认可。这样能让我继续努力，继续保持这个状态。比如我上完大二，暑期实验老师对我的鼓励，我觉得是影响非常大的事情。本来我也没有想读博士，本来是想混个本科出国混个硕士，找工作赚钱就可以了，也没有太想太多学术上有什么追求。（2017-03-SDFT-07）

除此以外，这些学生也需要更多的外界学习和生活上的明确指导，形成效能感。例如，这位来自广东，现就读于化学工程专业的男生谈道：

> 我觉得大家新生的时候比较腼腆，遇到问题就是顺其自然尽量解决，也有的同学比较激进，遇到问敢于表现出来。但我遇到问题是第一时间从自己身上找（原因）的，我觉得我做的够好了也没有错什么，还是没有办法。后来我就决定换宿舍了，换宿舍以后感觉好很多，这对我是一个很好的正反馈。这让我觉得确实之前没有做错什么，是环境的问题，会有自我肯定。有一部分同学可能是跟我一样，不太适应这个环境，但是他不太好意思说，就寻找不到外界的帮助，我运气算比较好的，算是还好解决的，肯定有很多人运气不太好肯定会越来越沉迷。（2017-03-SDFT-07）

这个学生也谈到自己缺乏外界正反馈时动力衰减的过程。

> 被访者：我觉得有负反馈的时候动力还是会减的，有那么一个学期的时间会相对来说比较低落一点，就是大二上，（我）也不愿意和别人沟通，也不想去参加任何的社工或者任何其他的活动，会觉得他们会占用自己的学习时间。那个学习时间其实自己也没有好好的利用起来，因为效率很低，有可能你就坐在桌子前面，你想看书，你脑子里面开始飞进各种各样奇怪的想法。
> 研究者：那些负反馈是？
> 被访者：比如说成绩没有那么好。（2017-03-SDFT-01）

然而，通过开放式编码，并对比工科、理科和文科学生在能力需求方面得到的外界环境支持因素发现：目前教育环境中支持工科生能力认可需求满足的主要因素是"与牛人讨论"，而理科和文科则更多的是

"教师的指点"与"经验学习"。从此也可以看出，工科生更多的是靠同学之间的支持来解决学业中遇到的问题，提升学业能力。然而，这种缺乏教师反馈的同学辅导结果，易导致部分同学与其他同学简单对比，而对于人际沟通能力较弱的同学则愈发难以解决学习上的困惑。

一位来自天津，工程物理专业的男生说道：

> 困难的话，可能是刚入学的时候感觉学习方面，不适应那种节奏。因为看到周围很多同学，他们可能是竞赛保送生，跟自己的付出不成正比的学习（状态），他们有的人不去上课，翘课，他们考试也能取得很高的成绩。而自己感觉投入很多，开始考的成绩却没有他们好，这可能是一种困惑吧。之后过了一年两年，其实他们的成绩只是开始的时候好，后来他们不学习，成绩也会下降，而我继续努力，自己成绩慢慢上升。（2017-03-SDFT-02）

在这种简单对比思想的影响下，有的同学能够在认知上调整自己的预期，使得自己获得效能感。但有的学生如果没有认知上的调整就容易发生学习动力衰减的状态。下面的例子就是自我认知调整成功的例子：

> 受访者：我就想自己努力了，没人家好，可能不如其他同学好。但自己如果不努力的话可能更差。所以，在这种（学和不学的思想）矛盾之中一直还是那样努力，但是因为心情会影响自己的工作效率，工作效率会下降很多。学习效率有下降，作业的效率，做题的正确度也有问题。大一下半年的时候看开一些，就觉得学习还是没有必要跟别人比，可能超过了他，外面还有更强的人。还有就是获得特别高的荣誉的，T大这种人很多，觉得自己尽力就行了。大一下半年就没有过多的和别人去比，这种心态（学习）效果会更好一些。（2014-12-SJFT-004）

在这种对比的影响下，有部分同学难以接受自己的相对不优秀，能力认可需求一直难以获得满足，从而就学习动机开始衰减，无意识逃避学活动，行为上开始逃课、不写作业，沉溺于游戏，在游戏中获得能力认可需求的满足。

> 可能因为觉得自己怎么努力也难以成功，（于是）就一直宅在宿舍玩游戏，这种例子很多。我周围有很多同学可能（因为这样）就一直颓废下去了，一直在玩游戏。可能大一、大二取得成绩不太好，可能他们觉得再努力也没有取得太好的成绩，就一直玩游戏。可是不努力的话，成绩会越来越差，恶性循环。（2014-12-SJFT-004）

然而，这种基于简单对比导致能力认可需求难以满足，从而导致不自信的心理状态，许多工科生都经历过，即使是学习成绩非常优秀的学生。下面这段话是2009级某工科院系的学生，他是该系学生崇拜的"学霸"。在他的人人主页上边许多留言都是"膜拜某某大神啊"、"膜拜学术帝"，表达对他由衷的敬仰之情。他本科期间在国际学术会议和刊物上发表过多篇论文，毕业时获得了美国麻省理工学院、斯坦福大学、普林斯顿大学和康纳尔大学等多所常青藤学校的全额奖学金录取通知书。他谈到自己在T大学习的过程，内心的能力认可需求未得到满足又不断满足的过程：

> 我在T大遇到很多挫折，我没有什么选择的余地，我的选择只有两个，就是"继续"还是"放弃"，然后我每次都选择继续，非常非常绝望，很多人迷茫，但是我是绝望，我就是在绝望中寻找希望。比如我不想出国我觉得自己很挫，一个是科研特别难，还有自己遇到特别多的事情。我其实就是经历过那么几次特别绝望的时候，我相信T大的人应该都会有。因为我进T大的时候学长学姐告诉我，进T大就是一个自信心被打碎，再被重建的一个过程，我被

打碎过多次，已经破碎成液体了，然后又凝固了，凝固成一个更加坚强的（自信心）。实验上的失败，学习上的……失败的时候我都不敢想未来，不敢想我一定要做出什么成绩一定要……就特别绝望，我的绝望是按月来计的，我默默地坚持，默默地走好每一步。走着走着发现又见到光明，又见到希望了。

从以上阻碍工科生能力认可需求得到满足的分析来看，基于不同知识与能力基础的学业辅导，教师的正向反馈指导可以促进工科生能力认可需求的满足。除此以外，还有学生提到，可以通过建立更多的反馈渠道与发展路径帮助工科生满足能力认可需求，形成效能感。

这位来自河南，就读于化学工程专业的女生谈道：

我觉得工科的通病，就是因为课程比较难，导致大学的时候要全力的投入学习，导致和社会的接触特别少。包括我认识很多文科的同学，他们和我们的差距太大了。像新闻，他们是大三，学生规定要实习，和一些社会上的一些公司、机构合作做一些项目，或者是他们去在公司做一些事情，完全和我们是两个世界了。但是我觉得如果我们学工科的，别说大四了，大一大二大三真的想实习根本没那种可能。很多公司要求每周至少三天，怎么可能每周花三天时间接触那些东西。我觉得工科学生可能是因为专业导致很多学生的唯成绩论。（在这种环境下）也只能唯成绩论，没有别的判别方法。文科像新闻，（学生）成绩不好，做了很多实习或者是你自己在做很多报纸，新媒体上发很多优秀的文章，（大家）照样觉得你这门学得很优秀，做的很好。如果你在化工成绩不好，那么你就在试验室一直做科研，你就是这两条路，没有可能有别的方法证明你适合这个专业，（这就）很容易让你有挫败感。除了成绩和科研，多一些其他的途径让同学获得自己的认可，找到自己的擅长建立自己的正反馈，例如是不是可能安排一些实习的环节。（2017-03-SDFT-10）

这位来自黑龙江，就读于化学工程专业的女生谈道：

> 我就觉得大学怎么可以唯成绩论，你跟别人怎么反馈你的苦闷，他都会说你好好学，好像只有一条出路的样子。如果实在学不上去得告诉大家还有其它的哪些出路，你先把学习的事情解决了，感觉学校的导向不是很对。我觉得愉快一点的话，把学习，尤其是成绩的事导向性减轻一点，不是所有人都想考第一，然后拿到特别好的。对愿望没有那么强烈的人完全没有必要强调这件事情，总是有这些人的存在，不一定所有人都一样，也得有适合他们的发展方向。（2017-03-SDFT-08）

2. 自主需求阶段：动机影响环境因素

从第二轮收集的 14 位工科生访谈资料中集中发现，阻碍自主需求满足的教育环境因素包括：专业认知教育环节滞后；教育目标单一；价值观引导过于单一，缺乏学业规划指导。

首先，培养方案设置上存在专业认知教育环节滞后的情况。这样会导致在转系和推研等面向未来的选择，工科生缺乏有效的信息支持理性决策。例如：

这位来自黑龙江，就读于化学工程专业的女生谈道：

> 是不是可以把方向的介绍提前一点说，我们差不多到大三（才）开始了解每个方向他具体在做什么。而且大三本来课就多，把时间分出去了解科研，学习的时间就更少了。系里可以早点，让别人早点选择自己喜欢的方向是不是好一点。推研的时候再确定具体方向有些来不及。而且系里研究方向分好几个所，好几个所千差万别的没有关系，但本科课程基本不怎么教的。我们系研究所名字有生物，但是学的生物非常少。总之早点确定自己的想法，最好多了解一些，早的确定自己做哪个方向，可以在学习的时候对那方面

更了解，老师什么的也可以自行选择多接触了解，对以后应该是有帮助的。(2017-03-SDFT-08)

一位来自宁夏，就读于电气工程及其自动化专业大四男生说道：

我觉得学校要尽早让学生知道这个系是干什么的，搞哪些方向。这样的话有两个方面的好处，我说我一个室友的故事。大一的时候都是基础课，他是浙江来的非常厉害，他学习成绩非常好。大概他大一的时候前十名左右，到大二下学期他才通过学一些专业课，还有一些过程中他才大概了解了我们系大概是干什么，有哪些主要的研究的方向。他这时候他才觉得自己其实对这些方向并不感兴趣，很多同学选T大的工科的时候考虑的就不是很多，可能对这个专业本身就了解的比较少，当他们发现不喜欢这个专业的时候，时间比较晚了。我那个同学他就是比较有魄力，因为他学习能力也很强，他大二下的时候，他就非常的果断地降一级转系到计算机系去了。因为他之前就对计算机很感兴趣，学竞赛，这方面也很厉害。后来他在计算机系就非常厉害，如鱼得水那种感觉，一直在年级前5名的那种，现在也准备明年保研了，也就感觉学的非常有兴趣。如果能早一点把这个系的专业到底是干什么的，有哪些方向类的东西，给大家灌输了，让大家早一点明白，那个同学大一下他可以早一点做出决定，早点转系什么的。他就可以不用再浪费一年的时间去学我们那些系的专业课。

再有就是早一点把这个专业给同学们讲了以后，大家也更能理解这些专业课的学习对自己将来在本专业的发展有什么作用，大家可能学的时候更有目的性，更有一些动力。而不是说觉得了这个东西他要干什么用，有时候会缺乏一些动力。我觉得我自己学专业课动力比较强，就是因为我对自己将来要走哪个方向我有一个很明显的目标和认识，我就知道我这门课我要学好，将来我这个要用，目的性在里面。这个对我的学习还是有很大的帮助的。

　　我们大一的时候，其实系里面给我们安排了一个电气工程导入的那么一个选修课。那个课本来一开始的宗旨是想让我们了解这个电气工程学科到底是干什么的。但是实际上有一些偏离，他请了很多非常学术上非常专的专家，给我们来做报告。他们讲的那些东西非常专，自己的领域非常专的，反而让我们对电气工程学科相当于没有一个很概括很广泛的了解。他讲的他自己研究的很专的东西我们也不知道是什么东西，我们肯定也并不能理解这个专业到底是干什么的，所以实际上，没有起到它本来应该起的作用。所以我觉得这方面如果能改进的话，对大家的学习动力提升会有帮助。（2017-03-SDFT-13）

除此以外，人才培养目标较为单一，在培养方案设置上给予学生预留的自由时间与空间较少，缺乏学生个体进行兴趣未来发展方向探索的弹性。

一位来自山西，就读于电气工程及其自动化专业大四男生说道：

　　小学期使得咱们系每年的暑假比寒假短，落到我们手里的寒假的时间会比暑假的时间长。首先这个小学期的时间安排很不合理。有的时候你已经比如说考完试，考试都已经结束了，它是过一周之后开始第一个小学期，上两周，再让你回家待半个月或三周，再来上第二个小学期，第二个小学期上完之后，中间再有一个间隔上第三个小学期，时间（变得）很零散。这样就导致你想用暑期时间想去做一个实习，或者想去哪实践一下都不可能，因为小学期时间限定了。（2017-03-SDFT-12）

一位来自云南，就读于电气工程及其自动化专业大四女生说道：

　　小学期系里就默认你已经具备基本的研究思维，你掌握这些技能，然后你可以更好的开展你的科研事业做准备。但其实很多人，比如我要不想保研，我就想出去找一个地方实习。但是我觉得我做这个小学期对我真的一点意义都没有，但是我们系是强制的，没有选。我觉得如果能在本科的时候，从大一大二就给大家明确，给大家一个如果你以后想有打算就业，你可能可以怎么做，你如果以后想继续读研究生，你要明白你要读研究生你是为什么，你要怎么做。在这个小学期安排稍微灵活一点，比如说我以后想搞科研，想往这方面走，我就研究型的小学期要多一点。如果像我本来就没打算继续念研究生，我就想就业，就给我一些（实习）机会。你干脆把这个小学期安排成另外一种类型，比如小学期两周，你安排实习五周，我觉得很多人都是可以接受的。就是你给我找一份实习，跟着什么项目学习，更接地气一点这种。我觉得可能很多人，他多了一个选择之后，他稍微思考一下（未来的发展）。包括生产实习，还不如把那两周放在我们在家的地方。（2017-03-SDFT-11）

这位来自河南，就读于化学工程专业的女生谈道：

　　（出国）我们没有办法交换。虽有交换的机会，但化工系半年一个学期的课很难补的。你回来的话基本补不回来，你后面的学习就会过的非常惨，付出惨痛的代价，一般人不会有这个决心和勇气交换，不是说没有机会。就算有交换的课，在那边学了，那个强度还是有不一样的。在那边（学校）强度下，你下学期还要学 T 大老师开设的这个课的下册，很难补。（2017-03-SDFT-10）

　　除了培养方案的目标多元性，以及时间安排合理性有待提高以外，在思想层面学业规划多元发展的价值观引导也缺乏，需要营造尊重学生自主需求的文化氛围，并提供实际的资源支持该需求的满足。比如这位来自山西，就读于电气工程及其自动化专业大四男生谈到自身的学习目标过于单一时说：

> 　　要让学生早点意识到规划起来自己的大学生涯，而不是说我走一步看一步。现在学弟学妹们也就问我现在课怎么上，只关心这些课。我觉得要有意识的引导他们思考自己的未来。至少得四年你有一个规划，你有一个总体的路线，要想清楚，你是要推研你要出国还是要工作，要想清楚这个，要引导他们去（思考）。不要他们只看到眼前的那些的事情。我觉得这个是最关键的。要引导他们自己去思考，自己去想要干什么，了解他们现在的专业在干什么，符不符合他们自己的想法，如果不符合他们，有哪些其他的路可以选。要引导他们，现在感觉不管是辅导员还是班主任，大家灌输给我们的思想就是好好学习，推研。说的最多的就是这两件事，没有人引导我们做一些对自己的规划的思考，基本上很少。我觉得这方面还是要有一些加强的。否则 T 大的学生，总有一种大家干什么，我就跟着干什么的。跟风的现象特别严重。很少思考自己的路要怎么走，就感觉工科里面尤其的严重。（2017-03-SDFT-12）

> 　　有时候真的不是大家不想本科就业，而是因为没有办法本科就业，我只能继续往上念。我先出来找工作，大家都没找，我现在也感觉没什么拿得出来可以找工作。所以大家都继续往上念，保不了研，出国，外校保的这种。这个现象很明显的一点就是，今年我们系博士生多了快将近一倍，这个结果是在保研前没多久才出来的，多出的十几个博士名额的话，好多人开始突然报博士。说实话我真的不知道这到底有多少人他认真想清楚自己为什么要念博士了，很多人想就是我要有一个书念，就是这样的一个想法。
> 　　因为从我没保研的时候我就想要不出国，但我最后更倾向于工作，我觉得我是属于我想立马干一些什么事情，我真的搞不了科学

研究什么的。但我在系里连一个可以讨论这个问题的学姐学长我都找不到。因为能跟你讨论优秀的学长学姐他们都保研了，因为在我们之前保研的人实在太多的，保不了研的人出国。我别的学校的同学问我，你们系有找工作的吗？基本不知道，估计一只手就能数出来。我那天去（就业）洽谈会问了一圈就发现一个问题，我所有的课都学过，我们大学本科又没有分方向，出去兴趣点也找不到，你有一个特定的研究方向也找不到，在找工作的时候就是一片迷茫。感觉还是得念一个研究生有一个方向，然后你来找工作好象更容易一点就是这种感觉。现在自己还拿不出手，就这种感觉更强烈一点。假如暑假系里面有统一的会跟某一个所或者跟公司联系好，如果你们愿意在这里报名，我们送你们去实习是可以的。如果你们自由想干别的事，就给大家一个相对自由的环境。(2017-03-SDFT-11)

我觉得要加强一下职业方面的规划，职业方面的教育。我感觉我们入学听到的学长学姐去哪了，说的最优秀的人可以达到什么成就，和我们成绩不好的人没有关系。他学这个专业可以去很好的学校或者是选特别好的公司，实际上因为他们的成绩很靠前。没有人告诉你一个普通人的去向，所以导致你对这个专业的未来比较迷茫，我希望可以多关注普通学生对他们的职业规划的引导。特别高端的都是系里弄来的，肯定是希望你宣传这个专业，不会很直接的说。我觉得系里告诉我们这个专业底在哪，把不太好的事告诉我们底线在哪，绝大部分是分布在中间的，的确是迷茫的，这个得承认。(2017-03-SDFT-08)

一位来自四川，就读于电气工程及其自动化专业的大四女生谈道：

我觉得我们系还有一点非常重要，就是我们系的感觉对学生的指导不够多元。因为学生们，尤其是一帮十八九岁的，刚从高中来的（学生），他们挺能听进去你在说什么的。他们其实对辅导员我觉得还是挺敬重的，很信赖的。我觉得我们当时的辅导员，化工系的辅导员，他当时给我们灌输挺好的，就属于一种你们都应该做自己想做的。所以当时成绩不算好，但也觉得大家是平等的。我们好多人做的不同，有的是社长，还有去转行，有的还拍了两年学生节的视频，然后直接去做导演了。诸如此类（多元发展）还挺多的。如果真的有更多元的导向，我觉得那个时候我们一定都特别愿意听。但是现在可能因为老师也都是做科研的那一类人，所以他们传达给大家的，只有大部分是这一条路，好好研究我们这个行业，其实出路还是挺少的。（2017-03-SDFT-06）

随后，进一步通过开放式编码咨询室访谈记录资料，发现有以下因素阻碍了工科生自主需求的满足：不知道如何寻找兴趣、必须参加的必修课与活动、家人反对意见、课程压力太大、未来职业发展选择有限、选课管理、重视 GPA 的竞争氛围。对照咨询室跟踪访谈素材，发现工科专业培养方案设置的"刚性"、基于 GPA 排名的教育资源分配机制会阻碍学生的自主选择，从而影响他们的学习动机的激发。

培养方案设置的"刚性"是指培养方案中学生可自由选择的空间太少。作者在咨询室辅导工科生时发现，学生选课一般较低的学分数为 25~27 学分，其中还包括《微积分》、《线性代数》、《工程制图》、《程序设计基础》等课外需要花费大量自学时间的难度课程。这些课程往往学生需要在课外投入至少 1∶4 的写作业时间才能保证完全独立完成。保守计算 25 学分课中 16 学分的难度课程，需要耗费课外 1∶4 个课时，剩下的 9 个学分需要课外 1∶2 的学习任务，这样算来总计每周需要花费 80.25 个小时，不算周末休息日平均每天需要学习 11.5 个小时。然而，学生的日常安排中还有一些必须要参加的学生活动，以及自己的娱乐社交活动。这个工作量显然有许多学生是完成了不了的，因此许多学生会选择与同学交流，减少独立思考难度课程作业，或者在他们看来不

"硬"的选修课上写作业或完成必须要完成的任务。到了大二开始，许多课配套的实验课也占据了工科生大量的整块时间，甚至有些小学期也都安排了很满的课程，这些"刚性"的培养环节都使得工科生并没有太多的自由空间与时间去探索自己的兴趣与未来的发展，更多地都是上课。然而，近两年，作者在学业咨询中看到越来越多的学生选课至少都是 30 学分以上，有的甚至高达了 40 学分。这也突显了学生对自主选择的需求。

另外一个影响自主需求满足的因素是，工科基于 GPA（学分绩）排名的教育资源分配机制。由于工科专业强调客观、公平和可测量的学业评价标准，GPA 排名则成为最公平的选择。因此，在学生发展过程中许多资源的分配都是依据该生已有成绩的 GPA 排名。值得注意的是，并不是客观的 GPA 绩点，而是相对排名，是一个相对整体所在专业学生中的位置。例如从大一下开始的某些因材施教计划选拔，某些社会工作岗位的招募标准（部分学院的学生会主席竞选要求 GPA 排名是前 1/2，有的甚至是前 1/3）。转系不仅大部分工科院系的标准需要看 GPA 排名或者数学、物理课程成绩。有大部分转出人数较多院系也设置了转出资格线，均依靠申请学生的 GPA 排名来给予可转出的资格。各种双学位、辅修学位的申请表上均需要填写 GPA 排名。到了大二，分配奖学金名额，大四保送硕士生和博士生的资格中，主要依据就是 GPA 的排名。在 2015 年以前，大二学生的留学交换申请资格也都是 GPA 排名前 50% 的学生才可以申请。这一政策在 2016 年取消了，学生们弹冠相庆。比如这个学生提道：

> 这个氛围有好有坏，但是我感觉太强了，特别是你本身没有想好做什么的时候，这时候突然有一个竞争 GPA 的趋势的话。我觉得特别是来 T 大的这种，大家内心有好强的一种性格，可能他自己并不喜欢学习，或者是他并不喜欢他的专业，但是他还是会花很多的时间在这上面，因为他需要自己的 GPA 非常的高。或我觉得，

你要（出国）交换也得看 GPA，你出国交换跟你的 GPA 我不太确定有多大的关系。特别是转专业我不太理解，你换去别的系需要你的 GPA 很高，难道不是你不喜欢这个，所以你学的不好，你需要换一个专业来学习吗。我觉得这种不太能理解，可能 GPA 是很方便衡量你一方面的标准。

对照不同来源的访谈资料，可以发现在培养方案设置与人才培养目标方面都需要给予工科生更多一些的自主空间与多元化的选择，这样才能激发和提升工科生的学习动力。在作者进行的第二轮访谈中，发现一个有意思的现象：有过出国（境）交换的工科生在描述他们交换学习体验时的表情都是微笑，发自内心的开心。而谈到 T 大的教育言语中充满了压力与焦虑。例如，这位来自河南，在土木工程专业学习的学生谈到赴香港理工大学交换的学习情况：

过的开心，肯定比在学校开心多了。主要是那半年整体的心态比较放松，也没有什么太大的压力，因为课程学分换算回来只算等级的，他在那边算 ABCD，然后换回我们这里就是通过和未通过，只要在那达到了 B 的水平，B 实际上就是一个 75 分到 85 分换算回来，在我们这里就可以拿到一个通过，你这几门课就相当于免修了，在校内就不必在修了在本科期间。感觉非常的轻松，这个课学会了就行的，我不用每门课都硬着头皮考到 90 分，我一门课怎么再多考两分，没有这种状态。（2017-03-SDFT-003）

这位来自四川，就读于电机系的女生谈到自己赴德国交换的经历：

其实我觉得还是有挺不一样的地方吧。我觉得他们德国老师的水平还都挺高的。就比如说我们学电的来说，有一些我们可能国内的老师会讲书本的东西，也会比较喜欢讲这些东西。我觉得那边那个老师特别牛，就会讲很多他当年我设计某某某高铁的时候，那个什么电容是多少，多大功率，他会很在意那些。德国本来就很在意工业实际的应用，我觉得这个还不太一样。而且觉得他确实很有经验，跟你讲很多，这样子。但是我觉得，学生的水平远远没有国内高，这可能跟他们选拔制度有关系，他们那种大学都是很容易进去，你只要高中顺利毕业差不多都可以进，淘汰率也很高那种。我选了几门双学位的课，我发现双学位的课在那边就非常的不一样，特别热烈地讨论，那种小班，就好多这种印度学生、韩国学生。我特别喜欢，讨论那些东西，不像我在我们学校上双学位，一定是写作业。

　　我在那边的感觉，一个是隔绝了很多外界的干扰。我当时那边微信上也不会有人找你，除非是亲近的朋友什么的，然后就会觉得，其实在那边每个人都是在过自己的生活，然后没有人会介意你过的好不好。他们也不会有什么朋友圈，那么用的社交软件就是互相发消息那种，很简单。包括你如果是个学生，你去学习，那你有什么问题就直接站起来，就跟老师交流，直接获得你所需要的东西。在那边我当时有一次刚到的时候，他们为我们交换生组织了一次欢迎会，就有一个介绍人，他就讲了好多，我觉得说得还挺好的。他当时就说，你们刚来，可能觉得我们德国人为什么不像美国人那么热情，就是一定要特别主动来关心你，问能不能帮助你，或者邀请你出去玩。他们说我们一般不会这样，我们觉得你作为成年人，你能照顾好你的生活，如果你有什么问题一定会主动找我们，就是你有问题找我们，我们一定会尽全力帮你。就是每个人都是做自己的事情，如果你是学生就好好的，你有问题就一定要问。这种感觉跟我在国内大学很不一样。我在 T 大上学其实会介意别人对我的看法，大家会彼此会知道这个人是成绩比较好，或者是他想去干什么，然后怎么怎么样。在那边我就觉得反正大家也不认识我，我就可以每天自己早晨起来想喝一杯什么，自己做一顿美味的早餐自己上学校上课，可以坐在教室的第一排，下课跟老师问一些问题。在那什么都可以商量，包括最后考试的时候。因为我要提前走，他们那边期中考试本来定得特别晚，会影响我开学，我就直接去那个老师办公室说我的情况。他就直接把他的日程表拿出来，说你提前来我办公室，我们口试一下就行了。你会发现，我一开始在想，尤其是我们有几门有专业硬考，那怎么口试？不用计算吗？其实很奇怪，还有那个图，不知道怎么考，（考前）还特别紧张。结果去口试的时候我就发现，他问的问题特别准，他能看得出来你有没有理解这个东西。虽然没有考很多，完全没有考你那些计算什么的。但是你和他交流，他也特别能明白你在说什么，如果稍微说错一点不是特重要。我就觉得，能让你自己确实想清楚，你做这个事情是为了什么，然后你该怎么做才能达到你要的目的。其实这个过程别人都不会介意的。可能是因为，德国贫富差距也很低，不会有人介意什么每个学生的穿着什么的，当然会很整洁和干练，不会让你分心到别的事情上，会很努力做自己想做的事情。然后每一个想法都不会有人觉得，这个人表现欲怎么这么强，这个人怎么那么刻苦。还有那种年纪很大的人，他们那边不限制你毕业的时间，你可以一直读，但是你不能挂科两门，你可以一直读。所以有人都读到头发快白了，也没有人会觉得很奇怪。

研究者：感觉在国外的时候可以完全地做自己，没有太多人去评价你？

被访者：对。

研究者：你觉得这种感觉比较舒服？

被访者：对，我回来之后，我就发现还是有一些变化的。可能我之前有时候真的是浮躁，觉得一些社交上的需求，或者是像有一些表现欲，想得到别人对我的很大的赞美或者什么。（2017-03-SDFT-006）

第三节　结论与讨论

本章讨论了工科生学习动机的特点与教育环境的影响因素。研究发现：工科生的学习动机呈现"两段进阶"的特点。第一个阶段是以能力认可需求驱动为主的阶段，这个阶段一般在大学低年级时期（大二结束之前）度过完成，仅有少部分学生在高年级阶段仍未完成这一阶段。能力认可需求（Need for Competence）是指个体在实现期待达到的结果时所体验到的有效感与能力感的需求，如果这一需求未得到满足，将会使个体产生挫败感，怀疑自身的效能。例如，工科生在低年级学习数学、物理等困难的理论基础课程时，体现了较强的期待获得自身学习能力被认可的需求。尤其是刚入校之后，这些工科生普遍有较强的学习动力，期待获得自己预期的学习成绩。当这些课程的最终学习成绩与内心预期成绩目标相符时，他们的能力认可需求得到满足，从而进入到下一个动机发展阶段。然而，当学习成绩低于他们的预期目标时，则会产生挫败感，对自身的能力开始怀疑，导致学习动机降低，甚至出现厌学的状态，从而也迟迟难以进入第二个动机发展阶段。

工科生在完整经历第一个能力认可需求阶段之后，才会进入第二个阶段——自主需求（Need for Autonomy）驱动为主的动机发展阶段。自主需求是指工科生体验到在从事某项学习活动时完全出于自愿选择与个人意志的心理需求。如果这一需求得到满足，学生将会体验到由于自主选择和实现个人意志的学习过程所带来的强烈认同感和愉悦感。但如果这一需求受到阻碍，个体将会陷入被外在强制力量或者内心强加给自己的压力所控制的感觉。例如，工科生在进入自主需求驱动为主导的第二个学习动机阶段后，他们会依据个人的兴趣与对未来发展的人生目标，自主选择是否转系、选修双学位、辅修专业、出国交换，或者参与更多的社会实习实践、创业创新、社会工作、社团活动。

在第一个能力需求驱动为主的阶段，部分课程学习内容难度、学生学习能力的基础差异，以及缺乏多元正向的学业表现反馈会阻碍工科生能力需求的满足。这些因素使得工科生在学习过程中感受到挑战过大，难以形成自我效能感，体验多次的挫败感，从而不断抑制和衰减他们的学习动力。

在第二个自主需求驱动为主的阶段，培养方案设置中存在专业认知教育环节滞后、"刚性"（兴趣探索与选择的时间与环节忽略），基于GPA（学分绩）排名的教育资源分配机制，学业发展规划指导缺乏等因素会使得工科生自主需求受阻，从而抑制学习动力。

明晰了工科生动机的阶段性特点与影响机制之后，工科生相对于文科生与理科生"自我挑战"与"使命感"学习动机较低的现状则可得以解释。首先，工科生的学习较少地"自我挑战"，因为在能力认可需求驱动的阶段，学习任务挑战度已经很大了，无论是课程难度还是任务工作量，对许多学生已经是需要花费许多时间和精力才能完成的挑战。这也是为什么"自我挑战"的动机越强的工科生成绩越好，因为他们都已经跨越了第一个能力需求驱动的阶段，形成了较强的自我效能感，开启了第二自主选择新挑战的高阶动机阶段。然而，遗憾的是，工科生中仍存在一部分学生一直也难以获得能力认可需求的满足，动机的变化逆向到了无动机状态，沉溺在电子游戏中。

其次，工科生使命感动机在这两个阶段中均会被抑制，从而影响他们的学习行为与学习效果。因为工科生学习动机形成的过程要面对一系列的学习挑战，在学习能力方面形成一定的自信来克服学业挑战，然后才能进入第二个发展阶段——自主需求驱动的阶段，第二个阶段才可能是使命感动机能得到激发和强化的阶段。然而，对于大部分获得了自我效能感的工科生在第二个阶段，继续需要获得自主选择权的 GPA 排名，学习动机再次被教育环境构建聚焦在升学的现实需求。所以他们的使命感动机再次受到抑制或者蒙昧而未被激发的状态。然而对于另外一部分工科生，尤其是负面个案的分析中发现，在工科生需要面对学业挑战，提升学习能力的时候，这个过程有一些抑制性因素会导致他们无法迈过第一阶段而进入自主需求的第二个阶段也就无法激发和维持他们的使命感学习动机，从而无法成为该阶段的主导动机，促进其学习行为与学业表现。

第六章
研究三：工科生学习动机激发策略

在第四章作者通过定量研究，初步发现求知兴趣与升学驱动并重是工科生学习动机的显著特点。与此同时，工科生存在自我挑战学习动机和使命感学习动机有待提升的问题。然而，工科生这两类学习动机真的较弱吗？为了深入探究该疑问，作者在第五章尝试通过质的研究方法，还原典型工科生学习动机的变化过程，深入分析提炼工科生共性的动机变化机制与影响因素。通过质的研究发现，工科生学习动机存在"两段进阶"的特点；在目前的教育环节中，工科生自我挑战与使命感学习动机受到教育环境的诸多因素影响，最终导致这两类学习动机被暂时抑制。

在讨论理解了工科生学习动机存在问题的原因之后，第三个研究问题油然而生：如何针对教育环境影响因素设计改进方案，从而激发工科生自我挑战与使命感的学习动机呢？于是，本章将尝试探索这一问题，依据前两章研究的发现，梳理激发与维持工科生学习动机的策略。

本书第五章研究发现，教育环境中脚手架（Learning Scaffold）的缺乏，将抑制工科生"两段进阶"学习动机。脚手架是指学习者进行学习活动时的支持系统。当学生不知道做什么或感到困惑时支持系统能够引导他们如何做。支持系统有来自于教师，也有计算机提供的智能化学习支持。该理论源于维果斯基的"最近发展区理论"在本书研究中，学习脚手架的缺乏具体表现在，高挑战教学缺乏教师搭建脚手架。例如，在一些难度知识课程的学习中，工科生们缺乏来自教师的反馈与支持，更多是采用同学之间讨论提供支持。另一个抑制工科生"两段进阶"学习动机的重要原因，则是工程师培养目标单一化以及柔性配套管理措施缺乏。例如重理论轻实践的单一"理论型"工程师培养目标设定，大部分的工科生需要继续研究生阶段深造，在研究生期间通过进入真实的工程现场工作，积累工程师的设计与管理等能力。基于此目标，培养方案中通识和专业的楔形课程设计融合不够，学习时间安排学得多动手实践少。而这种设计均不符合当下工程师培养和学生学习的规律，易于抑制工科生的学习动机。

因此，针对这些核心问题，本章将从工程师培养方案设计与管理、教师课程教学和学生个体学习三个层面，提出激发与维持工科生学习动机策略与方案。

第一节　激发工科生学习动机策略：工科培养方案设计升级

目前，世界一流工程教育改革趋势可概括为，以创新性工程人才培养为目标，在培养方案设计中构建工科生跨学科知识背景，并且注重启发学生对工程社会作用的认识与实现等。例如，美国麻省理工学院（Massachusetts Institute of Technology）在培养方案中，严格要求学生研修科学、工程、社科、人文等各个领域的课程，基于各个学科的视角培养学生的各种能力，特别是问题解决技能、定量与定性分析能力，增进历史的与文学的洞察力以及对科学方法的理解力。在创新人才培养方面，美国麻省理工学院更是通过学术研究项目，着重培养专业基础研究能力，并提供在实践中学习的机会。例如，美国麻省理工学院的本科生研究机会项目（Undergraduate Research Opportunities Program，UROP）鼓励学生开展研究，促进在学习上聚焦。类似的本科生资助研究项目申请在斯坦福大学、清华大学均有设立。在培养工科生认识工程社会价值方面，美国科罗拉多矿业学院的"人道主义工程"副修计划是典型的代表，该学院对工科生社会服务精神与责任感的培养值得借鉴（雷庆与胡文龙，2011）。

除了传统上以工程教育见长的世界一流高校教育实践，来自工业界的工程教育改革更不可小觑。接下来，作者将采用已有研究文献法介绍欧林工学院人才培养目标与方案设计理念，以期对国际工程教育的改革趋势进行更为清晰地展现。

富兰克林·W.欧林工学院（Franklin W. Olin College of Engineering，简称欧林工学院）于1997年筹建，2002年招收了首批四年制工学本科学生，是美国最年轻的学院之一。欧林工学院的定位与传统工学院不同，它致力于培养21世纪工程界的卓越革新者（Exemplary Engineering Innovators），培养未来工程界的领军人物（College，2009；李曼丽，2010）。他们认为，领军未来工程界的人才应该具备如下特质：（1）精湛的工程基础和专业知识；（2）对工程的社会作用的广泛的理解；（3）创造性地发现当今世界工程问题，并能提出解决办法；（4）使自己的梦想变成现实的创业精神和才能。基于这四方面的特质，学院强调注重培养学生以下三个方面的知识与能力：深入理解关于工程分析和设计的原理；宽广的社会与人文背景广泛的知识；能够促进工程设计在工商业变成现实的智慧、活力以及奉献精神（College，2009；李曼丽，2010）。

为了实现以上的培养目标，欧林工学院的培养方案设计在以下方面进行了创新。首先，它有着独特的课程哲学——"欧林三角"。这三角包括卓越的工程学知识、企业管理学知识和人文社会学科知识三个核心知识构架，从而帮助学生把工程和现实世界联系起来，发觉工程的社会价值。除此以外，欧林工学院会让学生通过经营自己分析、设计、制造工程系统来建立和发展实际的技术知识或实际技能。欧林工学院的很多课程都是动手型的工程设计类项目，技术课程和实践项目占每学期整个课程的20%～60%不等。真实项目的课程比重随着年级的升高比例不断提高。尤其是到了大四学年，学生会在工业界真实的团队环境下解决现实问题，实现过去三年所学知识的转化过程（李曼丽，2010）。

欧林工学院的例子可以启发我们如何促进工科学生从单一学科思维向跨学科思维方式转变（李曼丽，2010），团队技能如何发展，如何培养他们更多地考虑工程的社会、环境、商业和政治背景，工程设计项目如何能够被贯穿于课程的整个过程等。当工科生再与社会接轨，考虑工程项目的实际问题，其使命感、自我挑战动机的提升问题也就迎刃而解。

目前，我国大学不少工科专业培养方案仍存在跨学科知识背景设计欠缺，真实项目实践教学安排时间较少等问题。这些问题在传统的工业专业培养方案中尤为明显。例如，在培养方案中传统理论知识学习时间比例过大，需要在课程的结构比例上进行调整，为学生自主地发现内心兴趣与工程社会价值留出空间与时间。综上，工科生培养方案的设计，需要根据未来产业界对工程师的能力素质要求，有着结构上的升级。尤其是在培养工科生创新能力、理解工程问题的跨学科背景和工程社会价值的感悟与实现能力方面，需要有更大力度地升级改革。

第二节　激发工科生学习动机策略：教师教学法

从第五章的访谈数据可以发现，从学生视角，工程专业课程的教师权威性较高，当缺乏学生反馈时，难免容易单向地设计课程与教学进度，而忽视了工科生学习准备的状态与能力认可需求。因此，工程专业的任课教师在观念上，需要从传统的教师"教"为中心到以学生"学"为中心的视角转变，鼓励学生更多地参与到课程设计与教学过程中。本小节将通过文献调研法，介绍国际学术界研究较多的自主支持教学法，哈佛教师培训中心推荐的课程目标讨论法，以及系统性较强的 ARCS 教学法。

一 自主支持教学法

自主支持（Autonomy support）是指个人感受到重要他人（如教师、父母）对自己自由选择和自主决定的支持，并能从重要他人处获得有价值的信息，获取情感体验的认同，并且感受到较小的压力（Deci and Ryan，1987；唐芹与方晓义等，2013）。自主支持是自我决定理论（SDT，Self-Determination Theory）的一部分。该理论认为，学习原本是一个积极的过程，学习动力是人自主从事学习活动和吸收新信息的最佳功能。已有较多研究发现，破坏和促进自主动力的社会因素往往是外界环境对人的一种控制。有些社会因素会减少或抑制自主性动力，例如，激励机制的使用、截止期限、惩罚措施以及对必须做的事情等产生的压力。这些因素会降低持久力和学习成效，特别是在要求更加深入的概念性的学习中。反之，当教育环境因素是一种积极因素，能够最大限度地减少外部激励的显著性、威胁、避免语言控制并获取学习者的参与，那么这种积极的因素会提高学生的自主性动力、学习效果。

在我国，传统的全校必修课或者专业必修课上，由于有对学生覆盖面的要求，教师一般采用大课讲授的教学模式。学生主要围绕着教师课堂讲授的知识内容进行学习，教师主要通过布置作业，增强对知识的理解与师生互动，从而使学生更加有效地自主学习。这种传统大课堂的基本假设是，学生将根据他们已有的学习能力和动力水平参与课堂学习。基于本书第五章的研究可看出，对于这一类大班授课的方式，结果似乎就像达尔文的"优胜劣汰"一样，学习能力以及曾经学习过同类知识的学生则会较为容易产生效能感，学习动力易被激发与维持。而那些被许多不懂的知识点和作业题困住的学生，则会产生较为强烈的挫败感与自我怀疑，学习动力往往容易衰减与丧失。

类似大课授课的困扰也依然存在于国外大学的课堂。1999 年，为了改进学校中这类对自然科学的传统教学方法，美国国家科学基金会设立了一个"化学工作坊学习项目"，采用自主支持教学法，在美国东北部地区高校进行推广（Black and Deci，2000）。这个项目让教师、专家和高年级学生辅导者与学生之间建立小组指导关系。在正式的课程外，学生要由高年级学生带领参加研究组，从而参与学习、获得社会支持并解决学习中遇到的问题。这种 6~8 个人的工作坊每周进行一个半小时左右的见面讨论，不同于典型的复述知识为目的见面讨论，他们以学生参与其中为目的，而不仅仅是复习阅读和课程材料。

为了实现这一教学目标，小组的指导者需要以学生为中心，采用自主支持教学法促进小组问题的解决，同学互相的支持，鼓励学生积极地参与课程材料的学习。工作坊这样做的目的是让所有的小组指导者都高度一致地以学生为中心，虽然依然具有相当大的可变性，但在某种程度上这个项目成功地创建了这样一种积极的外界环境，能够最大限度地减少教师进行外部激励的显著性、威胁、避免语言控制，积极地获取学生的参与，并假设这种教学法营造的课堂环境会提高学生的自主性动力、学习效果。该理论创建者之一，在美国罗彻斯特大学《有机化学导论》这门课上引入这种教学方法，并且持续跟踪了自主支持教学法对学生学习动力、上课表现以及对课程建议的影响程度。经过布莱克（Black）和梅西（Deci）对于这个课程使用该教学法持续 4 个月的跟踪调查显示，这种教学组织模式和教学方法有利于学生产生自我决定的学习动机、更好的成绩与较低的退课率。在整个过程中，学生体验到正向的学习情绪更多，例如，学生们学习更加愉快，而伴随的焦虑情绪较少（Black and Deci，2000）。

如此良好的教学效果使我们更加好奇，该课上的小组讨论领导者如何更进一步采用自主支持教学法促进学生们的学习动机呢？具体而言，如果小组讨论领导者期待营造一个自主支持的课堂环境，在进行教学指令时多采用"你可以"、"你可能"、"你选择"及"我们请求你"，而不是用控制性语言类似"你应该"、"你不得不"及"你必须"这样的词语。例如，在自主支持的环境下，"你可以决定多学习一些数学求导的知识"，而不是使用控制性语言说："你应该多学习一些求导的知识"

（Vansteenkiste and Simons et al. ，2004）。

除了授课语言的差别，自主支持教学法还鼓励教师通过以下一些课堂教学行为与肢体语言，让学生感受到给他提供选择的机会，被理解：老师会有意识帮助学生形成自信心，使他们慢慢相信通过努力可以学懂这门课程的所有知识；倾听学生对课程的想法，接纳学得慢的吃力的学生；明确地让学生知道课程目标和他们应该做的事情；鼓励他们多提问，认真、耐心地回答教师提出的问题；教师较好地控制自己的个人情绪，主动关心学生；在提出新的建议之前，尝试理解学生们对某件事情的看法。最后，这种氛围可能会让学生很信任老师，也愿意跟老师分享自己在课程学习中或者生活其它方面真实的感受与困难。

除了在国外大学课堂上的应用，这种基于小班讨论的课堂，采用的自主支持教学法已逐渐开始被中国高校教师应用于大班授课的教学设计中。例如，在清华大学"大学物理"、"大学之道"等课程均开始尝试小班规模教学。但这种教学法对小组讨论领导者（教师或者助教）的专业知识背景与自主支持教学法的熟练掌握有更高的要求。因此，清华大学教育研究院与研究生院联合开设了"教学能力资质认证项目"，对小班教学的助教开展了自主支持、团体学习教学法等教学技能培训。

二　课程目标对话法

课程目标对话法是哈佛大学教授艾瑞克·马祖尔（Eric Mazur）在他教授的物理学课程探索总结，并且记录在《同辈教学法——用户手册》（Peer Instruction：A User's Manual，1997）一书中。在此书中，马祖尔教授主要介绍了他在大学物理课程教学中采用的同辈教学法。然而由于采用同辈教学这一新的教学法，需要学生在课下提前预习与自学课程内容，因此伴随着也对学生的学习动力有着更高水平的期待。于是，马祖尔教授为了激发学生学习动机，在介绍同辈教学法的同时，也重点介绍了激发学生课程学习动机的两个方法与工具流程。作者将这两个学习动机激发策略整体命名为课程目标对话法。下文将详细介绍课程目标对话法的目的与操作步骤。

首先第一步，在课程开设第一节课请同学填写开课调查问卷。具体内容如下（Mazur，1997）：

1. 你期待从该课程学到什么？

2. 你期待这些新的知识能有什么作用？

3. 你期望能从课程讲授中收获什么？

4. 你期望能从实践环节中收获什么？

5. 你期望能从参考书中收获什么？

6. 你觉得需要花费多少时间能掌握你在该课程上必须掌握的内容呢？包括上课、作业等一切内容。＿＿＿＿＿＿＿小时/周

第二步，现场收集开课调查问卷，并于课后整理主要观点。

第三步，在第二次课程刚开始花费 20 分钟进行公开对话交流。所谓对话就是并列列出每一题选课学生的共性观点与教师的观点，并且在课上进行讨论交流，从而使得学生与教师对于这个课程有着共同且合理的目标。前三步的目的主要包括两个：一是了解学生需求，教师可调整课程目标；二是帮助学生明确具体的学习目标，激发他们的学习动机。

第四步，在四周课程（整学期课程的四分之一的课时已经完成）以后，第四周课堂结束时请学生完成以下开放式问卷（Mazur，1997）：

1. 你喜欢这个课程的哪些地方？

2. 你讨厌这个课程的什么呢？

3. 如果你来教这个课，你会做些什么呢？

4. 如果你可以在这个课堂上改变一件事情，它会是？

第五步，在第五周课上，教师花费 15～20 分钟公开进行学生的调查主要观点的分享与对话，对于操作性较强的建议则可以实施改进行动。四堂课后的调查与对话目的主要包括四个方面：（一）了解学生对课程的评价；（二）调整课程内容与方式；（三）学生感受到来自教师的尊重与支持；（四）启发课堂氛围共建责任意识。

作者在 T 大学课程教学中尝试使用了这两个方法与工具流程，并通过跟踪调研发现：该教学法对于激发学生的学习动机有显著效果，学生课程参与度有所提高，也的确会让课堂教学目标实现度更高。当然，如何在工程专业课程的课堂上使用效果更佳，还有待任课教师根据各自的教学目标进一步探索总结。

三 凯勒 ARCS 动机设计模型

凯勒 ARCS 动机设计模型（Keller's ARCS model of motivation design）是美国教育心理学家凯勒提出的一个将动机理论转化为教学的综合性教学设计模型。1979 年，他在《动机与教学设计：理论视角》一文中提出动机设计模型的四要素，即兴趣（Interest）、相关（Relevance）、期望（Expectancy）和满意（Satisfaction），此后又将兴趣改为注意（Attention），将期望改为自信（Confidence）（顾明远，2012）。

ARCS 动机设计模型具备三个方面的优点，因此常应用于教学情境：首先，该模型基于各种已有动机理论基础的混合激发策略，汇集了动机研究史上主要动机理论的研究成果。其次，第二个优点是设计了操作步骤可以用于课程教学的设计过程中，使得理论可以得以简单流程化地应用。最后，第三个优点就是融合了问题解决的方法，可以有针对性地通过设计，解决不同群体现存的动机问题。因此，这三个优势使得该模型除了在课程教学中可以得到广泛使用，在期待解决动机问题的其他领域，比如企业，也都可以应用。图 6-1 描述了设计激发动机教学模型的流程。

ARCS 动机设计模型可以方便教师直接地应用到部分工科生能力需求被抑制导致学习动机降低，出现厌学等问题过程中，也可以应用到提升工科生使命感动机问题。例如，通过国家关注的现实社会问题吸引并维持学生的注意力，随后把专业知识与社会的现实需要联系在一起，或者把专业知识与现实工作场景的具体项目联系在一起，让学生认识到该知识与自己将来的发展息息相关。在知识学习的选择上，帮助学生建立

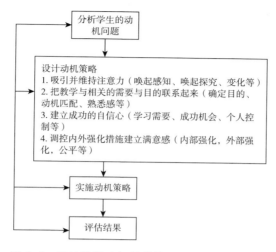

图 6-1　设计激发动机教学模型（顾明远，2012）

成功的自信心，树立我努力就能学懂的效能感等。在本书第五章的质的研究访谈中，某个访谈个案提及某门专业课的教师就是典型的例子。该老师在讲解知识的时候，结合这个科学技术是如何应用到航天服的设计过程中，从而帮助中国人登上了太空。这个过程极大地激发了这位被访谈学生内在的学习动力，也加深了专业认同感。

第三节　依托专业机构搭建学习脚手架激发学习动机策略研究

早在 1872 年，哈佛大学就设立了学业指导教师和专业的机构，提升学生的学习能力，从而增强其学习效能感，满足能力认可需求，激发与维持学习动力。本书第六章第三小节主要采用案例法，对美国几所著名的工程学科相关专业机构进行案例分析。随后也对中国已经建立相关专业机构的清华大学进行案例研究。研究的资料一方面来自案例学校的官方网站，另一方面来自作者赴调研学校相关部门进行实地访谈所搜集到的研究资料。针对美国加州伯克利大学与斯坦福大学学业指导专业机构的调研日程与访谈提纲如附录 5 至附录 13。

一 麻省理工学院学业指导专业机构

麻省理工学院本科生咨询与学业规划办公室（MIT Office of Undergraduate Advising and Academic Programming，简称 UAAP）是负责保障本科生培养质量的部门。UAAP 的宗旨是整合全校的学术支持资源，为本科生尤其是大一新生提供高质量的服务，丰富学生的学习体验，使其学习更具乐趣和效率，帮助他们取得学习的成功。

UAPP 提供各项服务以满足不同学生的需求，包括帮助学生联系相应的辅导教师，提供广泛的学术信息，提供学习技能和学习方法辅导，进行有关学业和学术研究的个体咨询等。维持这些学业指导服务稳定运行背后，UAPP 持续地开展以下的固定工作和活动：学业咨询（Academic Advising）、学业表现委员会（Committee on Academic Performance，CAP）、学习策略训练（Learning Strategies）、独立活动期（Independent Activities Period，IAP）和本科生研究计划（Undergraduate Research Opportunities Program，UROP）。前三项提供经常性的服务以帮助学生适应学业生活，后两项旨在通过学生亲身参与科研活动以提高学术水平。接下来，笔者将一一详细介绍这些主要工作与活动的内容。

学业咨询（AA）。UAPP 学业咨询的主题包括帮助在校学生选择专业，指导他们如何达到学位要求、申请和准备留学深造、实习和工作等。UAPP 整合全校的学业指导力量，比如新生导师，学术顾问部门，以及本科生和研究生学术管理部门等，学生可以通过 UAPP 与新生导师、院系咨询师和行政人员取得联系，获得自己需要的信息和帮助。

学业表现委员会（CAP）。CAP 对学生学习成绩负责，审查学生的学术记录和学年表现。每学期期末，CAP 负责向各个学院提交可以授予学位的候选人名单；向院系提出最低学术标准、考试和评分等方面的建议。除此以外，CAP 还会根据学生的要求开展一些工作，比如改变某些学术政策等。

学习策略训练（LS）。随着学习的深入，很多学生发现他们需要改进和提高学习技能。UAAP 的"学会学习"网站提供了丰富的资源。同时 UAPP 还在学期中开设学习策略工作坊，为学生们提供支持。

独立活动期（IAP）。IAP 以其多样性、创新精神和兴趣学习等特点闻名，旨在帮助学生，主要是新生来确定适合自己的学习社团。从一月第一个星期开始为期四周的独立活动期，有上千个活动供学生选择参加，每一期的活动项目会有所不同，从脑神经科学到商业战略，可供选择范围广泛。

本科生研究机会计划（UROP）。该计划对 MIT 所有本科生开放，旨在促进本科生与教师开展联合研究。学生可以在任何一个系开展研究，可以参加到研究的各个阶段，包括制定研究计划，撰写提案，进行研究，分析数据，以及提出口头和书面形式的结果报告。

二　美国加州伯克利大学专业机构

为了更清晰地了解美国加州伯克利大学专业学业指导服务，作者联系调研该校 7 个相关部门，表 6-1 列出了调研加州伯克利大学学业指导相关部门名称与访谈对象。

表 6-1　美国加州伯克利大学学生学习指导专业机构调研列表

部门名称	部门职责	访谈对象
学生学习中心	学习方法、具体课程辅导	主任与专职教师 15 人
学生发展办公室	住宿学生学业辅导 贫困生因材施教项目	项目主任等 2 人
残障学生项目	学习残障学生鉴别、支持与辅导	项目主任 1 人
运动员学习中心	学生运动员学业辅导	辅导项目负责人等 2 人
文理学院本科生咨询办公室	文理学院本科生学业咨询	主任助理 1 人
教育机会项目	第一代大学生、贫困生等少数学生 因材施教项目	代理主任 1 人
经济资助办公室	本科生经济资助	工作人员 1 人

调研结果发现，美国加州伯克利大学设立了学生学习中心、各二级学院本科生学业咨询办公室、住宿区学习中心三个校级和系级部门负责为学生提供专业的学习能力提升与学业规划辅导。

学生学习中心（Student Learning Center）。该中心目前隶属于学校教务处（Academic Sides），是面向全校所有学生提供公共学习指导服务的校级机构。然而，该部门在十余年前隶属于学生处（Student Affairs Sides），这一情况与部分国内高校的现状类似。这一现象可能由于学生事务部门与学生交流更多，对学生实际的学习、生活等各个方面的困惑更加敏感，从而更快地建立起相关项目对学生进行支持。

每年学生学习中心获得校级财政支持 130 万~180 万美金。该中心有 20 位专职员工，250 余位同辈辅导者每学年接待来访学生 8500 人次（仅白天开放）。该中心为学生提供 7 大门类辅导项目：跨学科、数学/统计、自然科学、社会科学、学习方法策略、本科课程课代表培训、写作（见图 6-2、图 6-3、图 6-4、图 6-5、图 6-6、图 6-7、图 6-8）。

图 6-2 加州伯克利学生学习中心一层大厅

图 6-3　加州伯克利学生学习中心二层大厅

图 6-4　数学/统计辅导项目专职教师与辅导者图片

图 6-5　学习策略辅导项目接待处

图 6-6　物理/化学辅导项目辅导现场

图 6-7　写作辅导项目辅导现场

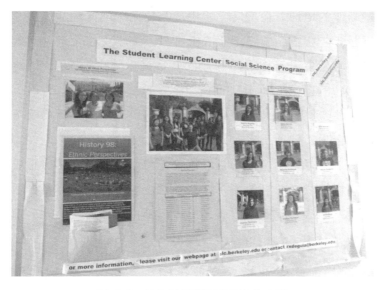

图 6-8　社会科学辅导项目宣传介绍

以文理学院本科生咨询办公室为代表的系设学业咨询专业机构。文理学院是加州伯克利大学最大的本科生学院，有 2/3 的本科生在该学院学习，总计 1 万余名学生。该办公室隶属院系教务系统（Academic Sides），每年获得财政支持 200 万美金左右。该办公室聘有 19 位专职咨询师，60 位教师兼职咨询师为学生提供专业服务（其他学院平均 7~8 名专职咨询师）。该办公室每年平均接待预约一对一咨询 9111 人次，邮件咨询 6000 人次，前台/电话咨询 25000 人次，网页访问 10600 人次。该办公室的职责包括：帮助学生探索人生、职业目标；选择专业、教育项目；规划学期课程与学业计划；如何与教师交流；辅助学业困难学生。

住宿区学习中心。加州伯克利大学 1 万余名住宿学生，住宿区设置了 4 个学习中心，每三栋到四栋住宿楼共享一个学习中心。住宿区学业辅导机构隶属学生发展办公室（Student Affairs Sides）。在住宿区学习中心，除了提供晚上可供学习的场地以外，也提供高年级学生的同辈课程辅导。辅导包括四个科目：数学、物理、化学、写作。这些高年级的辅导者经过专业的培训。住宿区学业中心与校园教学区的学习中心配合为学生提供服务。住宿区学习中心晚上开放，离学生宿舍近，而教学区的学生学习中心是白天工作时间开放。住宿区学习中心 2013 年的来访量为 1131 人次（见图 6-9、图 6-10、图 6-11、图 6-12）。

除了这些专职机构，校内有不同的部门负责不同群体的整体大学学习与生活的指导。例如，有针对贫困生因材施教项目、第一代大学生、学生运动员、残障学生、性少数群体等专门服务部门，学习指导是这些项目中的有机组成部分。然而，这些针对少数群体的学习指导主要通过转介学生学习中心、院系学习咨询等专门部门协同解决。这些部门与部门之间的转介机制与合作精神值得国内高校学习。

三 清华大学学业指导专业机构

清华大学于 2009 年在中国高校中率先成立了学生学习与发展指导中心（Center for Student Learning and Development，CSLD），简称学习发

图 6-9　加州伯克利大学文理学院学业咨询接待前台与等候咨询的学生

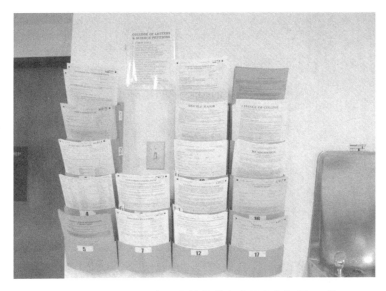

图 6-10　学业咨询办公室接待学生常见咨询问题 17 类

图 6-11   学业咨询师的咨询室活泼友善的布置

图 6-12   加州伯克利大学住宿区学习中心的设施与环境

展中心。中心围绕"知识传授，能力培养，价值塑造"三位一体的教育理念，落实贯彻"解决实际与思想问题相结合"的思想政治教育理念，为学生提供专业化的咨询和学习辅导服务，帮助学生获得学业成功。具体而言，在知识层面（Knowledge），帮助学生获得专业学科、学习科学知识，发展机会，教育政策的信息。在能力层面（Skills），帮助学生提升自主学习、批判性思维、价值辨别、信息整合与决策、沟通表达、领导力六大能力；在价值观层面（Value/Attitude），培养学生社会责任感和主动学习的态度。该中心还通过对学生学习发展规律研究，为学校其它部门与院系的决策与育人工作提供支持。

近5年来，该中心服务覆盖面从不足2000人次增长至2016年33369人次，年增长率近80%，平均满意率保持在90%以上。一对一咨询预约量从2011学年的50人次增长至2016学年1310人次，年均增长率约100%，服务满意率高达97%。与日俱增的学生来访量充分证明了学习发展指导符合学生学习发展的实际需求。

接下来，作者将从学业指导内容、指导方法策略、组织机构构建与工作成效四个方面，对清华大学依托专业机构开展学业指导进行案例介绍。

1. 学习指导内容：全频谱学习与发展支持体系

2008年下半年，清华大学学生工作负责教师注意到，2004～2008年期间在心理发展中心咨询的学生中，咨询发展性问题的超过70%，其中咨询学习问题的又占近30%。通过进一步的访谈调研显示，这些问题大部分并非心理问题，也不是一般认为的学风问题或者思想问题，无法通过以往单一的心理咨询或者思想工作解决。深入了解发现，不少学生在大学学习方法、学习行为习惯与可迁移的学习能力存在困惑和不足，需要专业的指导，从而提升学习动力与表现。除了在大学学业上面临挑战的学生，其他清华学生也面临学业发展规划、可迁移学习能力提升等现实需求。因此，除了关心学习遇到挑战学生的成长，清华大学也关注全体学生的学习能力的提升，并将清华大学多年来，在新生教育和优秀学生因材施教所做的探索性工作也纳入了学习发展指导的工作范围中。

经过 8 年的建设，清华大学学习发展中心已经逐渐建立起全频谱的学生学习与发展支持体系，面向全校所有学生提供学业指导（见表 6-2）。该体系针对不同类别的学生提供常见学习与发展困惑的指导。学生按学历可分为本科生和研究生，按学业表现可分为学习困难学生，学业优秀学生与其它普通学生。除此以外，由于国家的招生政策形成不同的特殊群体，例如经济贫困学生、少数民族与港澳台生、国际学生等。不同类型的学生由于其学习发展的不同阶段，以及过往不同的大学前教育背景经历，在大学的学习过程中会面临不一样的实际问题，需要分门别类地指导。因此，清华大学学习发展中心也会根据这些不同类型的学生进行定制的学习发展支持服务，从而切实帮助到这些同学。

表 6-2　清华大学学生学习与发展指导中心全频谱学生学习与发展支持体系

		全体学生		特殊群体学生				优秀学生	
		本科生	研究生	学习困难学生	经济贫困学生	少数民族与港澳台生	双培计划与留学生	科技创新	领导力培养
学习科研	基础课程学习	通用	定制	定制	定制	定制	定制	—	—
	学习科研方法与习惯	通用	定制	定制	定制	定制	定制	—	—
	学习动力提升	通用	通用	定制	定制	定制	定制		
	论文写作	通用	通用	—	—	—	—		
	MATLAB/LATEX 等常用科研软件	通用	通用	—	—	—	—		
能力提升	自我认知	通用	通用	定制	定制	定制	—	定制	定制
	时间及项目管理	通用	通用	—	—	—	定制	定制	定制
	演讲表达	通用	通用	—	—	—	定制	定制	定制
	写作表达	通用	定制	—	—	—	—	定制	定制
	导学关系	通用	定制	—	—	—	—	定制	定制

续表

		全体学生		特殊群体学生				优秀学生	
		本科生	研究生	学习困难学生	经济贫困学生	少数民族与港澳台生	双培计划与留学生	科技创新	领导力培养
学业规划	专业转系双学位选择	定制	—	定制	定制	定制	定制	定制	定制
	专业学校导师选择	定制	—	定制	定制	定制	定制	定制	定制
	出国交换和深造决策与准备	定制	定制	定制	定制	定制	定制	定制	定制

常见的学习与发展困惑可以分为学习科研、能力提升和生涯规划三大类十余小类。这些困惑在本科生基础阶段，往往可采用通用的指导内容与方式，但随着大学学习学科特色逐渐明显，研究生的部分指导内容需要根据专业来定制化指导内容。

2. 学业指导工作方式：从个体咨询到大型讲座

清华大学学习发展中心在众多学业指导工作方式中选择了五种，从一对一的个体咨询到面向几百人的大型讲座。具体而言，这五种包括一对一咨询、讲座工作坊、具体课程答疑、小伙伴计划与综合因材施教项目。

一对一咨询是为全体同学提供的一对一个体咨询与辅导。中心设立专门的场所，聘请专、兼职咨询师，以预约面谈的方式为同学提供免费的个体咨询。每次咨询一般为 50 分钟左右，中心提供若干独立的咨询室，学生可通过微信进行预约，咨询师通过微信平台查看预约信息以及填写反馈。

讲座和工作坊覆盖微积分、线性代数、英语等科目，以及大学学习策略、时间管理方法等自主学习能力主题。大型讲座一般邀请广受学生欢迎的授课教师主讲。工作坊是面向全校学生开放团体预约。相对于讲座注重知识与信息的讲授，工作坊更加注重交流互动，现场的学习技能训练，由学习中心专职教师与兼职研究生讲师组成。

答疑坊是由本科生志愿者们，自愿每晚 7：00～10：00，为全校同学提供数学、科学、编程、制图等基础课程的答疑服务。学生们可以不用预约，直接前往固定教室进行作业与书本课后练习题答疑。该辅导能帮助低年级本科生更好地适应大学自主学习环境，养成积极提问与研讨的学习习惯，在学懂作业题的过程中获得学业效能感，激发与维持学习动力。除此以外，助教还开放可供班级预约的小班辅导，帮助同学们梳理课程知识点，分享高效复习的方法。这一面向院系班级开放，可供集体预约的课程辅导，也能为院系营造良好的学习氛围与专业认同。答疑坊是学习发展中心专门为同学提供基础难度课程答疑的组织。2016 年，学习发展中心在册志愿者来自 17 个院系，总计 36 名。答疑坊志愿者团队数理基础扎实，答疑对应课程的志愿者微积分系列课程、线性代数、物理类课程、程序设计与工程制图期末总评平均分均在 A－（90～94）以上，概率论与数理统计平均分在 A（95～100）以上。部分低年级专业基础课，比如物化等化学类课程均分在 A－以上。程序设计的答疑可以辅导编程思路，发现与解决代码的错误命令；工程制图类课程答疑可辅导同学绘图。答疑坊至开设之初至 2016 年已经累计答疑 5197 人次，问题解决率高达 99%。

"小伙伴计划"每期 21 天，旨在通过打卡积分的形式，激励同学坚持早起、早睡、读书、自习、背单词、练口语，帮助同学们养成良好的学习生活习惯，提高自我管理的效能感。除了日常的打卡活动，"小伙伴计划"也在组织线下约早饭和答疑的项目上尝试进行突破，努力以丰富多样的形式为清华大学同学提供一个自我发展和相互监督激励的平台。"小伙伴计划"主要由中心工作助理负责项目管理，建设信息平台与激励机制，支持学生自发组织成为学习小组。

实施因材施教项目是学习发展中心针对有特殊才能学生，精心设计、统筹已有项目和优质资源，为优秀学生的个性化发展提供更广阔的平台。例如，2011 年设立的"唐仲英领导力计划"就是针对有志到公共管理部门开启职业发展的学生。在整个 2~6 年的培养过程中，学生将会接受公共管理知识，在地方从事党政管理一线工作导师的指导、实地赴地方实习实践，从而不断提高领导力。因材施教的专业团队主要包括校内 30 余名不同学科专业教师和 50 余名校友导师组成。

3. 组织机构设计：校系两级学业指导体系

清华大学学习发展中心与学生就业发展中心、心理发展中心，办隶属于校学生工作指导委员会，定期向学校领导汇报工作。中心挂靠校党委学生部，由学生部副部长担任中心主任。中心与教务处等部门在困难学生帮辅、优秀学生培养等方面密切合作，定期开展工作研讨，合作开展课题研究，有力促进了工作的开展。这样的组织制度设计和工作实践对于打破高校传统的教务部门与学生工作部门各自为阵的格局，促进第一课堂与第二课堂协调发展具有重要意义（耿睿等，2012）。

围绕学生的学习与发展所面临的现实问题，学习发展中心联合校级20 余个部门组织和 30 余个院系学生组，构建起横纵交错的转介运作机制。例如，在横向校级层面，学习发展中心联合教务处注册中心共同试运行本科生学业预警筛查体系；与教务处联合开展双培计划学生培养；与统战部联合设立专项经费开展港澳台学生学习与发展辅导项目等。在纵向院系层面，学习发展中心重点支持各院系带班辅导员的学习指导工作，帮助各院系掌握学生规律和工作方法更有效地开展相关工作。在学校层面牵头制定《清华大学学习适应不良学生学业辅导工作实施办法（试行）》等 23 份管理文件与工作调研报告，通过制度上的顶层设计，整合学校各方资源，明晰院系、校级部门的权责关系；在院系层面，一方面主持编写 1 万余字的《本科生学业指导工作手册》，培训院系学生工作组、带班辅导员有效开展学业辅导工作；另一方面中心直接面向学生开放各种公共的学业支持服务，协助院系更高效地解决学生的学业实际困难。

4. 学业指导成效：助力成长，因材施教

经过多年探索和积累，清华大学在学习发展指导方面取得了显著成效。学习发展中心 2016 年总计为 30100 人次提供了学业与发展咨询、辅导服务，较 2015 年增长 5709 人次，增长率为 23%。2009～2012 年心理发展中心的统计数据显示，咨询学习方面问题的学生比例下降了 11 个百分点，咨询适应方面问题的比例下降了 5%（史宗恺，2013）。

具体而言，该中心构建起学习困难学生学业预警机制。2016 年，学习中心与教务处共建的本科生学业预警系统完整运行了两年，通过扩大对所有课程低分客观数据的筛查，更加科学预警能更直接地发现和跟踪遭遇学业挑战的学生。针对这些同学，中心配合提供了一对一咨询，数学、物理等具体课程一对一答疑与小班辅导 2396 人次，同期增长 30%；经过后续的帮辅工作，对于参加过日常答疑的同学进行跟踪分析，在微积分 A/B、线性代数、大学物理、电路原理的及格率达到了 95.35%，93.2% 同学的学分绩高于 2 分（百分制 70 分），58.14% 同学的学分绩高于 3 分（百分制 80 分）。对于参加过小班辅导的同学进行跟踪分析，在微积分 A/B、线性代数、大学物理、电路原理的及格率达到了 88.24%，88.24% 同学的学分绩高于 2 分（百分制 70 分），47.06% 同学的学分绩高于 3 分（百分制 80 分），辅导成效较好。

清华大学案例主要特色是依托成立专业机构实现学习脚手架搭建。学习发展指导专业机构与现有的思想政治教育工作机制如何有机的结合，如何组建专业的团队是实施这种管理机制的关键难点。该校注重学业指导专业化建设，以及有效整合校内外资源的特色，可供不同高校教育实践者借鉴。

四　学生个体咨询激发策略研究

专业机构的专业咨询师在如何为学生搭建脚手架方面有许多种的方法。其中针对学生个体的咨询与辅导方法基于不同的动机理论较多。笔者选择了目前国内外学业咨询（Academic Advising）实践中常用而且效果显著的三种激发策略进行简略介绍。

主动咨询法（Proactive Advising）是一种提前干预学生的个体学业

咨询方法。这种方法是在学生提出帮助请求，或者还没有意识到他们需要帮助时，咨询师主动提供给他们学业和发展信息。主动咨询，也常被称为侵入式咨询。它基于机构应当在学生遇到学业问题之前便于其取得联系，或者学生还没有发现自身学业存在问题的时候主动开展咨询服务。咨询师在帮助遇到危机的学生获取校园服务与资源方面扮演着关键的角色。这个过程包含着咨询师与学生（尤其是陷入危机的学生）主动的互动与关系建立。主动咨询并不意味着悉心照料，它是直接的，有目的性的为了帮助学生获得学业辅助，并使其获得强烈的动机去达成教育目标的努力。通过积极的个人介入，咨询师可以指导学生通过负责的选择，提高其获得学业成功的可能性（Drake and Jordan et al.，2013）。

　　主动咨询法在我国高校学习指导过程中也常常被用到，尤其是高校思想政治辅导员和班主任对学生的指导过程中。例如，辅导员和班主任常常会主动联系班集体内的学生，对其大学学习情况进行了解并提供方法支持。目前清华大学学习发展中心，对于少数民族大学生、贫困自强计划学生、港澳台学生、双培计划学生等特殊群体均会采用主动咨询方法，在他们还没有意识到自己的学业问题，或者已经出现挂科，学习效能感较低时提供学业咨询支持。该法在国外则常用于第一代大学生、退伍军人大学生、拉丁裔等少数民族群体学生、残障学生等。

　　基于学生优势咨询法（Strengths-Based Advising）是指鼓励学生利用自身独特的天赋，成为最好的自己，在大学的学习体验中获得最适合自己的学习经历。采用基于学生优势咨询法，咨询师可以关注学生的天赋和长项，并以此获得成功，而非力求弥补学生的短板。通过强化他们的优势，学生会在学习的过程中更投入。咨询师在帮助学生将天赋转化为强项的过程中可以扮演重要的角色。咨询师可以通过辨别并培养学生的优势，强调他们现有的竞争力，咨询师能够给学生以更多的动力，更投入地进行学习（Drake and Jordan et al.，2013）。

　　Schreiner 将基于学生优势的咨询方法列明了五个有顺序的步骤：

　　第一步，辨别学生的天赋才能。

第二步，让学生认知到并增强对自身优势的认同。

第三步，构建未来蓝图。

第四步，为学生制定达到目标的具体路径。

第五步，将学生的长处应用到实际的挑战中。

不像主动咨询关注学生的问题，基于优势的咨询师探索学生的潜能。基于优势的咨询并不会以学生正深受困扰的问题展开对话，而是用正面的话题帮助学生看到他们在一些学术工作中已经达成的成就（Drake and Jordan et al. ，2013）。

该咨询法在实际的应用中，如何挖掘学生的潜力也有其他的方法。例如，请同学回忆过往的成就动机事件，通过对过往成功经历的复述与总结找到积极的能量，以及能够应对当下挑战的方法。再例如，咨询师与其一起回忆在学业上自身的进步与努力，在进步中获得发现其潜力与擅长。还有采用多元智能评测问卷，发现"我的大学学习"问卷，从多个维度审视自己在智力与学习环节的优势与潜力，帮助被辅导的同学建立效能感，获得学习动力。

动机访谈（Motivational Interview）是建立在无条件积极关注、尊重来访者、支持来访者自尊的原则基础上，咨询师帮助来访的同学审视，学习进程中内心改变的需求与动机卷入程度。利用动机性访谈的方法，咨询师们鼓励根据学生行为进行灵活变动，通过帮助他们找到妨碍他们学术和个人成长的问题，然后给他们提供帮助以克服困难或者矛盾心理。

使用这种方法时，咨询师必须首先应让学生明白动机性访谈是否会收到预期的效果。引导包括：弄清改变的目标，设定行动计划。同时，要是有必要给出信息和建议，但须得到学生的允许，同时用一种尊重学生自尊的方式。动机性访谈的核心包括引导学生"改变谈话"，咨询师使用积极的开放式的问题，鼓励考虑变化选项。计划包括设定目标、形成可执行方案和寻求其它同学的评价。（Drake and Jordan et al. ，2013）。

动机访谈法的流程包括澄清与讨论期待、评估、价值与行动。可以归纳为图6-13。

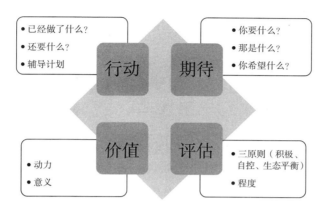

图 6-13　动机访谈法的步骤与流程

　　该方法在实际的学业咨询过程中应用较多，因为其话题可以涵盖各种学业和发展问题的解决。而且该方法最显著的优势是，可以促进学生的现实行动改变。因此被许多咨询师广泛应用。

　　世界各地的大学和教师们都需要思考学生能够茁壮成长的环境——与学生建立有意义的联系将有助于提供学生支持和鼓励，从而使他们能够达成学术目标和事业抱负。因此，教师与咨询师们需要关注当前学生的多样化需求，调整个体辅导方法去适应教育实践的情况。虽然以上介绍了一些常用的咨询方法，但是咨询师仍需要尝试更多咨询相关的理论和工具，从而建立符合自身特质的咨询方法。在这个过程中，咨询师在熟练使用已有咨询方法的同时，还可以开发出新的工具和策略来提高教学业咨询的效果。通过这些努力，咨询师们能够越发熟练地帮助学生进行反思和自我评估，激发与维持他们对于大学学习的原动力。

第七章
结论与政策建议

第一节　主要结论

本书采用定量与定性混合研究方法，对工科生学习动机问题进行了深入细致的研究，得出以下三个结论。

结论1：本研究表明，在工科生学习动机的构成方面，内部求知兴趣与外部升学驱动两类动机相对较高，但"使命感"与"自我挑战"的动机相对文科生较低。而"自我挑战"与"使命感"学习动机越强的工科生，学习过程中积极的学习行为频率越高，学习成绩也越好。这一结论是通过对2012~2015年T大学有效4472名学生的混合截面数据，采用单因素方差分析（one-way ANOVA）与混合估计模型（pooled regression model）等定量方法进行统计分析发现。

但是本书在继续采用质的研究方法，探究此表象问题背后深层机理之后认为，"使命感"与"自我挑战"的动机相对文科生较低的结论是暂时的现象，并非完全符合事实的本质，而是工科生的学习动机具有一定的特殊性。

结论2：本研究表明，在教育对象的个体心理层面，工科生的学习动机具有"两段进阶"特征。第一个阶段以能力认可需求为核心驱动，第二个阶段以自主需求为核心驱动。工科生只有在完整经历第一个阶段、获得有效感与能力感之后，才会进入第二个阶段，努力获得自愿选择的学习内容的自主决定感。这一结论来自于对 14 名工科生深度访谈资料和 52 名各专业学科本科生咨询室访谈记录资料的分析，采用建构主义的扎根研究分析发现。

能力认可需求（Need for Competence）是指工科生在实现期待达到的结果时所体验到的有效感与能力感的需求。如果这一需求未得到满足，将会使工科生产生挫败感，自信心不足。例如，工科生在低年级学习数学、物理等困难的理论基础课程时，体现了较强的对自身学习能力的认可需求。尤其是刚入校之后，这些工科生普遍有较强的学习动力，期待获得自己预期的学习成绩。当这些课程的最终学习成绩与内心预期成绩目标相符时，他们的能力认可需求得到满足，从而进入到下一个动机发展阶段。然而，当学习成绩低于他们的预期目标时，则会产生挫败感，对自身的能力开始怀疑，从而导致学习动机降低，甚至是厌学的状态。

自主需求（Need for Autonomy）是指工科生体验到在从事某项学习活动时完全出于自愿选择与个人意志的心理需求。如果这一需求得到满足，工科生将会体验到由于自主选择和实现个人意志的学习过程所带来的强烈认同感和愉悦感。但如果这一需求受到阻碍，工科生将会陷入被外在强制力量或者内心强加给自己的压力所控制的感觉。例如，工科生在进入自主需求驱动为主导的第二个学习动机阶段后，他们会依据个人的兴趣与对未来发展的人生目标，自主选择是否转系、选修双学位、辅修专业、出国交换，或者参与更多的社会实习实践、创业创新、社会工作、社团活动。当他们受到外界支持，实现了自主选择的学习项目和内容之后，工科生的学习动机会更强，也会更加认同所学的内容，在这些学习活动中能够体验到愉悦感。然而，当工科生由于学习成绩未达标而影响他们获得转系、选修双学位、出国交换甚至参加社会工作等自主发展机会时，自主需求则受到阻碍，内心将会产生一种被外在教育环境强制力量控制的压力感。这种被控制的压力感，有时不仅来自于学校教育环境的大氛围，还可能来自于某课程的教师、学校管理人员和他们的父母等重要他人。

明晰了工科生学习动机的阶段性特点之后，结论一所发现的，工科生"自我挑战"与"使命感"学习动机较低的问题，则能够得到相对完整的解释。首先，工科生"自我挑战"的动机匮乏，是因为他们在能力认可需求驱动的第一个阶段，就已经面临工科学习的高挑战性。无论是课程难度还是课程的任务量，对大多数工科生而言，需要花费大量的时间和尽其全力才能应对这些学业挑战，形成学习能力的效能感。而且这也能解释，为什么成绩越好的工科生"自我挑战"的动机越强，因为他们均已经历完成第一个能力需求驱动的阶段，形成了较强的能力感，开启了自主选择挑战的第二个动机阶段，从而开始主动选择更加有挑战的课程学习，如双学位、出国交换等。然而，遗憾的是，工科生中仍存在一部分学生一直难以获得能力需求的满足，从而产生逆向的动机变化，放弃主动学习的尝试，逃避挑战，最终消极沉溺在电子游戏等虚拟世界满足中。

其次，在第一个动机阶段，部分工科生遇到的能力挑战会抑制他们的"使命感"动机，从而影响他们的学习行为与学习效果。这是因为，在工科生学习动机形成的过程中，要先面对一系列的学习挑战，在学习能力方面形成一定的自信来克服学业挑战，然后才能进入第二个发展阶段——自主需求驱动的阶段。通常来说，第二个阶段是使命感动机能得到激发和强化的阶段。然而，对于大部分获得了自我效能感的工科生来说，在第二个阶段需要满足获得自主选择权的各项条件（例如 GPA 排名），学习动机再次被教育环境构建聚焦在升学的现实需求，因此他们的使命感动机再次受到抑制，处于未被完全激活的状态。

结论 3：本研究还发现，在工科生学习动机发展过程中，现实教育环境抑制因素比较突出。在能力认可需求为主的动机发展阶段，工科课程的学习难度设置、工科生基础学习能力差异和缺乏多元正向的学业表现评价制度等环境因素，都会抑制工科生学习动机。在工科生自主需求驱动为主的动机发展阶段，教育环境中，培养方案目标与环节设计、专业认知教育滞后，以及单一基于 GPA 排名的学业发展规划引导，都将抑制第二阶段工科生自我决定动机形成。同时，本书研究还发现，中国高考与择校制度并未给予学生充分的时间进行专业探索，这也是导致在最初选择工科专业就读时，工科生对所学专业了解不够，从而导致由于缺乏学习准备（Learning Readiness）而影响学习动力。因此，教育环境抑制工科生学习动机的诸因素与工科生缺乏入学前的学习准备互相作用，共同导致工科生学习动机难以激发与维持。

在本书第六章，作者讨论了"学习脚手架"能够更好地提高学生的学习准备程度和学习能力。"学习脚手架"是指学习者进行学习活动时的支持系统。当学生不知道做什么或感到困惑时，这套支持系统能够引导他们如何做。支持系统有的来自于教师，也有计算机提供的智能化学习支持。脚手架的缺乏是在本研究中所发现的最显著问题，具体表现在，高挑战教学环节中缺乏由教师搭建的脚手架。例如，在一些难度知识的学习中，工科生们缺乏来自教师的反馈与支持，更多是通过同辈之间的讨论获得支持。另外一个重要的问题则是，工科培养方案缺乏多元化培养目标设计与柔性配套管理措施。例如，基于重理论轻实践的单一"理论型"工程师培养目标，使得大部分的工科生需要继续在研究生阶段深造，而难以进入真实的工程现场工作。基于此目标，培养方案中通识和专业的楔形课程设计融合不够，学习时间安排上，学得多、动手实践少。这种设计不符合当下工程师培养和学生学习的规律，容易抑制工科生的学习动机。再者，单一"理论型"工程师培养目标，使得大部分工科生都倾向于选择继续在研究生阶段深造，于是会夸大基于 GPA 排名的学业发展规划引导，吸引大部分工科生聚焦在短期的升学目标。从而，工科生们会花费巨大的时间精力聚焦在各科课程学习的高分获取竞赛中。于是，学习成绩的竞争也会挤压自身时间和空间，去自由探索自我的志趣，以及思考未来发展的道路，使命感的学习动机被激发的可能性大大降低。这种整体教育环境的文化氛围所产生的巨大影响，亟待引起重视。

针对工科生学习动机的教育环境因素，作者通过文献与案例研究方法，从培养方案设计、教师教学和学生学习发展指导等三个层面提出了可供借鉴的激发策略与方案。学校管理层面需要依据新工程师理念设置符合时代需求的新型工程人才培养目标与自由度适度的培养方案。在这方面，麻省理工学院、欧林工学院的工程人才培养目标与方案设置可供参考。在教师教学层面，教师可采用包括自主支持教学法、课程目标对话法和凯勒 ARCS 动机设计模型三种教学策略。学校管理层面可以尝试建立专业的机构，为学生搭建学习脚手架，帮助他们成功度过第一个动机发展阶段。在这方面，麻省理工学院、斯坦福与清华大学的专业机构建设可作为参考。在更加微观的学生咨询层面，可以采取主动干预咨询法、基于学生优势咨询法和动机访谈法三种激发策略，帮助他们能保持学习动力。

第二节　政策建议

基于以上研究结论，本书从教学层面、学校管理层面和宏观教育体系治理层面三个维度提出如下政策建议。

首先，在微观教学层面，建议教师在教学设计中更加重视工科生学习动机特点与问题，采用自主支持教学法、课程目标建设对话法和凯勒 ARCS 动机设计模型，给予工科生更多基于能力认可的正反馈，鼓励学生面对学业挑战，构建起工科生多元智能的自我评价认知观念。由于工科生受到中国教育传统中竞争文化的熏陶，认知体系中的"以分论英雄"的观念根深蒂固。一旦自己的客观学业表现相对其他同学较差，他们就会形成挫败感，能力需求难以得到满足，从而引起学习动机的衰减。因此，能力需求认可阶段这个关键期急需得到教师的重视，一旦工科生度过了这个关键期，其学习动力就能得到稳定的保持。教师应当打破传统的一元智力观念，建立多元智力观念，从而发掘学生不同方面的智力优势。多元智力理论（Multiple Intelligences）认为每个人都至少具备语言智力、逻辑数学智力、音乐智力、空间智力、身体运动智力、人际关系智力、内省智力和自然智力（林崇德，2008）。然而，在作者实际辅导咨询工科生的过程中发现，许多工科生并不知道"多元智能"这一概念。例如，每次在填写《发现我的大学学习》学习动力与目标维度的测量问卷时，无人知晓多元智能的概念，需要作者进行进一步的解释。而当作者解释后，工科生们都会对应于以往的个体经验，找到自己擅长的智力维度，获得一定的能力效能感，从而更加有学习动力。工科的教师们假如也能学习掌握这一理论，同时能够在与学生的互动中发现他们的这些擅长，并且及时地反馈给他们，这将极大地有益于工科生学习动力的提升。这一理论的理解与应用，需要有认知与沟通两个层面的具体技术与方法，建议在大学教师培训的过程中增加相关的培训内容。

其次，建议学校工科院系升级培养方案设计。具体而言，培养方案主要在培养目标与学习自由度两个方面升级。一方面，调整目前工程人才培养偏向"理论型"工程师的培养目标，设定"实践型"和"理论型"工程师并重的多元培养目标，并且在培养方案中体现出，基于不同培养目标的分类培养计划，提供学生自主选择的机会。培养方案课程设置上需要以创新性工程人才培养为目标，在培养方案设计中构建工科生跨学科知识背景，并且注重启发学生对工程社会作用的认识与实现。另一方面，在环节设计上赋予学生更多的学习自主选择权，提供有效的信息并指导帮助其制定与国家社会需要相匹配的学业发展规划；调整培养方案设置，减少控制感，预留自我探索与专业探索的时间与空间；建立专业的学习支持项目，为不同能力基础的学生提供跨越学业挑战的支持辅导。

最后，重视工科生社会责任感等价值观的塑造。通过重视新生专业认知教育环节，提升工科生建设国家与社会的使命感动机。在目前大类招生与培养的改革热潮下，如何通过专业认知教育培养工科生对本专业认同度，以及发现并实现工程的社会价值，值得教育界一同探索。例如，新生教育游戏是工程学科教育入门活动的有效教学方法。他们在本科学位课程的第一年，利用游戏模拟复杂的情境，让学生们检查专业领域的重要因素，学习解决实际问题。参与过新生教育游戏项目的新生问卷调查显示，学生参与度高，能更好地理解课程内容。除此以外，通过教育游戏设计进行入门专业认知的活动，有助于采用集成的方式提出不同的学科知识概念，为学生提供一个综合、动态的例子，同时也为教授与学生的互动交流更大的自由，同时满足他们求知的动机和能力需求（Braghirolli and Duarte Ribeiro et al.，2016）。再例如，工程实验室活动课程对于第一年工程专业学生的学习兴趣提升成效显著。在工程实验室活动课程中，学生会在短时间内参与若干学科的实验室活动（五十五分钟/每人），比如生物医学工程、电气与计算机工程系、环境工程、机械工程等。参与课程之后，新生无论是学习承诺水平还是参与度都有较大幅度的提升幅度，有的甚至可以从完全漠不关心到非常狂热地渴望动手做和学习更多相关项目知识（Sundaram，2016）。类似的工程专业认知教育在国内部分高校也开始起步，常见形式是专业概论课程。但建议这些专业认知环节可以更加提前，而非到了本科生高年级才开设，在形式上也可以更加灵活多样些。

第三节　研究创新点

受惠于前人研究的基础，本研究的创新点有以下三个。

首先，本研究发现了工科生学习动机存在的"使命感"与"自我挑战"偏低现象。工程科技人才是各个国家科技工业核心竞争力的重要支撑。大学是培养国家高端工程科技人才的重要途径。工程学科目前面临学生专业认同度降低、转行趋势增加的挑战。然而，2000年以后却少有文献专门系统地研究工科生的学习动机特点，以及如何在教育过程中激发他们在工程学科的学习动力。本研究在问题的界定上为大学本科生分类教育的进一步讨论提供了理论依据。本研究发现，工科生学习动机中存在求知兴趣与升学需求并重的特点，然而自我挑战和使命感学习动机不足的问题。进一步地，通过对工科生自我挑战、使命感学习动机与学习行为、学业表现之间的关系的回归检验发现，这两类动机却是影响工科生学习行为与学业表现的独特因素。已有文献对求知兴趣、自我挑战、父母期待、同辈影响等组成要素都有所验证，唯独使命感动机更多的是定性的判断，缺乏有力的定量证据。因此，对于使命感动机究竟在工科生学习行为与学业表现中发挥了什么作用，本研究进行了比较严格学术验证。

其次，本研究发现，工科生学习动机呈现"两段进阶"的特点，还原了教育环境抑制工科生自我挑战与使命感学习动机的机制，丰富了学习动机理论。学生学习动机是关乎教育学根本的问题，受到了长期的关注，教育心理学领域的众多学者发现了不同流派的动机理论，来解释学生学习过程的动机现象。然而已有的动机理论大部分基于国外学生的研究样本。本论文通过定性与定量研究相结合的方式，与目前动机领域解释力度较大的自我决定理论进行对话，为该理论的部分结论提供了来自中国工科生的验证证据，而且也进一步发现了该理论难以解释的动机过程特点与现实问题，从而拓展丰富了该理论的跨文化解释力度。

具体而言，对比人文社会科学的学生，能力需求为主驱动先于自主需求为主驱动的动机阶段性，是工科生在专业学习过程的独有特征。然而正是基于能力感获得的学习动机发展第一阶段会抑制一部分工科生的自我挑战与使命感动机。随后，在自主需求为主驱动的动机发展阶段，在现实教育环境下，为了获得自主选择权的 GPA 排名，工科生的学习动机再次被教育环境引导聚焦在升学、教育资源竞争的外部动机。同时，专业认知教育滞后、教育目标单一均导致工科专业认同感难以形成。这一过程特征与抑制因素的发现丰富了动机理论，对工科生学习动机现存自我挑战与使命感问题提供了新视角的理解。本研究所发现的教育环境抑制性因素也能贡献于教育管理者与任课教师，进行有针对性的解决方案，从而提升工科生学习动力，获得更优质的学习体验。

最后，探索出提升工科生学习动机的多维度系统性激发策略方案，可供直接应用于实际大学教育实践过程中。针对所发现的抑制工科生学习动机的教育环境因素，作者从学校管理层面、教师教学层面和学生个体指导三个层面系统地提出了激发策略与方案，从而解决目前存在的动机问题，激发工科生的学习动机。系统性激发策略的研究成果一方面可以优化教育教学过程，让已在工科学习阶段的学生更加乐于学习，从而提升工科人才培养质量；另一方面有利于工科的本科生产生对工程专业认同感，让一批优秀的本科生继续选择工科进行研究生的深造。这些工作对于继续保持一流学科与一流学校的建设，以及卓越工程师的培养，都具有较强的现实支撑意义。

第四节　研究不足与展望

本研究采用的研究资料，无论是定量研究还是质的研究，研究对象仅局限于 T 大学生。因此本研究的结论可能适用于与 T 大类似学校的工科生，但难以对其他不同类型大学工科生的动机现状作出直接有效的解释。因此，本研究的结论与发现在推广到其他院校工科生群体时，还需要更多的后续研究工作。针对这一研究局限，将来可以将样本搜集范围扩大一些，特别是对工科专业学生开展更深入的分层次、分类型进行解析，会使对工科生学习动机问题解释更加丰富，更加有说服力，更有实践价值。

除此以外，学习动机激发策略还有待对课程教学环境影响因素的实证研究。针对这一层面的激发策略，作者已经尝试设计了相关的实验设计，可惜过程中由于研究工具（问卷）的缺乏以及工作量较大暂时搁置。因此，将来可以更加聚焦在研究提升学生学习动机课程教学策略，开展课堂教学的实验研究，从而提出有利于我国大学教师教学的动机激发策略。

参考文献

暴占光、张向葵：《自我决定认知动机理论研究概述》，《东北师大学报》2005 年第 6 期。

蔡鼎文：《当代大学生主要的精神需要初探》，《江西教育科研》1987 年第 2 期。

岑延远：《基于自我决定理论的学习动机分析》，《教育评论》2012 年第 4 期。

柴晓运、龚少英等：《师生之间的动机感染：基于社会认知的视角》，《心理科学进展》2011 年第 8 期。

陈保华：《大学生学习拖延初探》，华东师范大学，2007。

陈吉宁：《全面深化教育教学改革大力提升人才培养质量》，《清华大学教育研究》2014 年第 6 期。

陈筠、仇妙琴：《学习动机内化研究综述——基于自我决定理论的视角》，《现代教育论丛》2010 年第 12 期。

陈向明：《质的研究方法与社会科学研究》，教育科学出版社，2000。

陈至立、夏征农：《大辞海》，上海辞书出版社，2014。

池丽萍、辛自强：《大学生学习动机的测量及其与自我效能感的关系》，《心理发展与教育》2006 年第 2 期。

邓士昌：《工科大学生自我效能感、学习动机与拖延行为的关系》，《贵州师范学院学报》2012 年第 8 期。

范杏丽：《构建双语公选课程体系 提升工科学生人文素养》，《高等工程教育研究》2010 年第 2 期。

房贞政、黄斌等：《校内学研产结合——一种有生命力的合作教育模式》，《中国高教研究》1998 年第 4 期。

冯廷勇、刘雁飞等：《当代大学生学习适应性研究进展与教育对策》，《西南大学学报》（社会科学版）2010 年第 2 期。

冯玉娟、毛志雄等：《大学生身体活动行为预测干预模型的构建：自主动机与 TPB 扩展模型的结合》，《北京体育大学学报》2015 年第 5 期。

付建中：《教育心理学》，清华大学出版社，2010。

甘启颖：《大学生学习动机功利化倾向现象探讨》，《当代教育理论与实践》2015 年第 5 期。

顾秉林：《大力培育工程性创新性人才》，《清华大学教育研究》2014 年第 4 期。

顾明远：《中国教育大百科全书（全四卷）》，上海，上海教育出版社，2012。

顾佩华、胡文龙等：《从 CDIO 在中国到中国的 CDIO：发展路径、产生的影响及其原因研究》，《高等工程教育研究》2017 年第 1 期。

贺金波、陈艳：《自主支持：促进动机内化的情境因素》，《教育研究与实验》2011 年第 3 期。

胡复、李尚凯：《对部分大学生学习动机的调查研究》，全国第六届心理学学术会议，《中国浙江杭州》1987 年第 4 期。

胡红、李少丹：《大学生学习体育动机的调查与评价》，《北京体育大学学报》2000 年第 2 期。

胡文龙：《西方工科生学习风格研究及其启示》，《高等工程教育研究》2016 年第 4 期。

胡志海、梁宁建：《大学生元认知特点与非智力因素关系的研究》，《心理科学》2002 年第 4 期。

湖北工业大学周应佳、车海云：《如何看待"三个不满意"和"三个三分之一"》，《光明日报》2014 年第 2 期。

湖北省心理学会大学生心理研究组与胡德辉：《大学生的心理倾向》，中国心理学会第三次会员代表大会及建会 60 周年学术会议，1981 年。

华尔天、计伟荣等：《中国加入〈华盛顿协议〉背景下工程创新人才培养的探索与实践》，《中国高教研究》2017 年第 1 期。

华维芬：《试论外语学习动机与学习者自主》，《外语研究》2009 年第 1 期。

黄文锋、徐富明：《大学生学习适应性与一般自我效能感、社会支持的关系》，《中国临床心理学杂志》2004 年第 4 期。

姜树余：《试论普通本科院校工科学生技术应用能力的培养》，《教育与职业》2006 年第 15 期。

姜远平、刘少雪：《从工科毕业生就业竞争力看我国的高等工程教育改革》，《复旦教育论坛》2004 年第 5 期。

蒋石梅、闻娜等：《工程师分类培养简论》，《高等工程教育研究》2017 年第 1 期。

杰夫·西格尔（Jeff Siegel）、利利亚·杜布（Lillia S. Dubé）、冯仪民：《大学公共英语教学结合某一专业学科的实验》，《国外外语教学》1983 年第 2 期。

雷庆、胡文龙：《工程教育应培养能造福人类的工程师——美国科罗拉多矿业学院"人道主义工程"副修计划的启示》，《清华大学教育研究》2011 年第 6 期。

李斑斑、徐锦芬：《成就目标定向对英语自主学习能力的影响及自我效能感的中介作用》，《中国外语》2014 年第 3 期。

李昆、俞理明：《大学生英语学习动机、自我效能感和归因与自主学习行为的关系研究》，《外语教学理论与实践》2008 年第 2 期。

李昆：《中国大学生英语学习动机调控策略研究》，《现代外语》

2009 年第 3 期。

李曼丽：《独辟蹊径的卓越工程师培养之道——欧林工学院的人才教育理念与实践》，《大学教育科学》2010 年第 2 期。

李曼丽：《工程师与工程教育新论》，商务印书馆，2010。

李茂国、朱正伟：《基于工业价值链的工程人才培养模式创新》，《中国高教研究》2016 年第 12 期。

李庆善、石秀印等：《关于大学生学习动机的调查研究》，《江西教育科研》1988 年第 3 期。

李正、唐飞燕：《美国佐治亚理工学院实践课程设置及对我国的启示》，《高等工程教育研究》2017 年第 1 期。

联合国教科文组织研究所：国际教育标准分类法 2011 修订提案，2011。

林崇德：《发展心理学》，人民教育出版社，2008。

林钦：《关于加强高校工科学生应用技能教育的探讨》，《教育与职业》2008 年第 6 期。

刘淳松、张益民等：《大学生学习动机的性别、年级及学科差异》，《中国临床康复》2005 年第 20 期。

刘桂荣、张景焕等：《高职生因果定向与学业表现的关系》，《心理学探新》2012 年第 1 期。

刘靖东、钟伯光等：《自我决定理论在中国人人群的应用》，《心理科学进展》2013 年第 10 期。

刘俊升、林丽玲等：《基本心理需求量表中文版的信、效度初步检验》，《中国心理卫生杂志》2013 年第 10 期。

刘莉、王宇等：《以默会性知识为导向的工科类真实项目设计与实践》，《高等工程教育研究》2017 年第 1 期。

刘丽虹、张积家：《动机的自我决定理论及其应用》，《华南师范大学学报》（社会科学版）2010 年第 4 期。

刘丽虹：《动机的自我决定理论在教育中的应用研究》，《广东外语外贸大学学报》2010年第3期。

刘儒德：《大学生的学习观》，《高等教育研究》2002年第4期。

罗卫敏、王令：《符合工程教育认证标准的C语言课程教学改革》，《计算机时代》2017年第2期。

罗燕、史静寰等：《清华大学本科教育学情调查报告2009——与美国顶尖研究型大学的比较》，《清华大学教育研究》2009年第5期。

罗云、赵鸣等：《初中生感知教师自主支持对学业倦怠的影响：基本心理需要、自主动机的中介作用》，《心理发展与教育》2014年第3期。

毛晋平：《成就目标理论与大学生的学习动机》，《湖南师范大学教育科学学报》2002年第2期。

毛晋平：《对当前我国大学生学习动机特点的思考》，《高等师范教育研究》1995年第1期。

苗元江、朱晓红：《自我决定理论及其幸福感研究》，《北京教育学院学报》（自然科学版）2009年第4期。

莫闲：《学习动机整合理论的建构与研究展望》，《心理科学》2008年第6期。

牟智佳、张文兰：《基于Moodle平台的网络学习动机影响因素模型构建及启示》，《电化教育研究》2013年第4期。

倪清泉：《大学英语学习动机、学习策略与自主学习能力的相关性实证研究》，《外语界》2010年第3期。

潘云鹤：《论研究型大学工科学生的能力培养》，《高等工程教育研究》2005年第4期。

庞维国、韩贵宁：《我国大学生学习拖延的现状与成因研究》，《清华大学教育研究》2009年第6期。

秦晓晴、文秋芳：《非英语专业大学生学习动机的内在结构》，《外语教学与研究》2002年第1期。

秦晓晴：《大学生外语学习归因倾向及其对归因现象的理解》，《现代外语》2002 年第 1 期。

邱勇，清华大学校长：《一流本科教育是一流大学的底色》，《光明日报》2016 年第 3 期。

邱于飞：《大学生学习拖延认知—行为团体干预研究》，华东师范大学，2008。

孙煜明：《不同专业大学生的学业成败归因特点研究》，《南京师大学报（社会科学版）》1994 年第 1 期。

史宗恺：《为学生提供全过程匹配各类资源的因材施教》，《北京教育（德育）》2013 年第 3 期。

唐芹、方晓义等：《父母和教师自主支持与高中生发展的关系》，《心理发展与教育》2013 年第 6 期。

田澜、潘伟刚：《大学生学习动机问卷的初步编制》，《社会心理科学》2006 年第 6 期。

田逸：《美国大学生工程实践能力培养及其对我国的启示》，湖南师范大学，硕士：2007 年第 58 期。

万俊：《我国大学生学习动机的研究现状与发展》，《咸宁学院学报》2008 年第 2 期。

王伯庆：《工程专业生源及新生适应性分析》，《高等工程教育研究》2013 年第 6 期。

王殿春、张月秋：《大学生学习动机与家庭经济状况的相关研究》，《教育探索》2009 年第 12 期。

王凤霞、陆运清：《学习策略在动机和英语成绩间的中介效应分析》，《心理科学》2009 年第 2 期。

王佳权：《大学生师生关系、学习动机及其关系研究》，华中师范大学，2007。

王进：《自我决定理论在体育社会心理学中的研究》，《体育科学》2007 年第 8 期。

王敬欣、张阔等：《大学生专业适应性》、《学习倦怠与学习策略的关系》,《心理与行为研究》2010 年第 2 期。

王孙禹、谢喆平等:《人才与竞争:我国未来工程师培养的战略制定——"卓越工程师教育培养计划"实施五年回顾之一》,《清华大学教育研究》2016 年第 5 期。

王艇、郑全全:《自我决定理论:一个积极的人格视角》,《社会心理科学》2009 年第 2 期。

王晓静:《非英语专业学生自主学习动机与元认知策略的关系》,《外语教学》2014 年第 5 期。

王学臣、周琰:《大学生的学习观及其与学习动机、自我效能感的关系》,《心理科学》2008 年第 3 期。

王雪生、宋川:《工科大学生学习动机的调查与分析》,《高等工程教育研究》1988 年第 3 期。

王燕、郑雪:《自我决定研究述评》,《黑龙江教育学院学报》2008 年第 1 期。

王子献、全穆昇等:《学风现状的调查与分析》,《化工高等教育》1987 年第 2 期。

J. M. 伍德里奇:《计量经济学导论—现代观点》,中国人民大学出版社,2003。

武珍、傅安球:《大学生学习动机和学习兴趣的研究》,《浙江师范学院学报(自然科学版)》,1984 年第 1 期。

夏应春、蔡祖端等:《当代大学生学习动机的特点》,《高等工程教育研究》1988 年第 1 期。

夏征农、陈至立:《大辞海(教育卷)》,上海世纪出版股份有限公司,上海辞书出版社,2014。

谢洋、姚娟:《厌学情绪弥漫大学校园?学生学习积极性为何不高》,《中国青年报》2008。

熊晓燕:《当代大学生学习动机特点及对策》,《川东学刊》1997 年第 1 期。

徐明欣、武孝贤等：《对体质差的大学生体育学习动机形成规律和教育方法的研究》，《北京体育学院学报》1983 年第 2 期。

徐胜、张福娟：《美国残障人士自我决定研究及对我国的启示》，《心理科学》2010 年第 1 期。

许宏晨、高一虹：《英语学习动机与自我认同变化——对五所高校跟踪研究的结构方程模型分析》，《外语教学理论与实践》2011 年第 3 期。

杨春、路海东：《不同形式的评估反馈对大学生的学习动机和学习成绩的影响》，《心理与行为研究》2015 年第 2 期。

杨钋、毛丹：《"适应"大学新生发展的关键词——基于首都高校学生发展调查的实证分析》，《中国高教研究》2013 年第 3 期。

叶慧珍：《大学生心理倾向的初步调查》，《上海高教研究》1982 年第 1 期。

叶忠根：《广州地区 1172 名大学生个性倾向调查》，《心理学探新》1986 年第 4 期。

易晓明、李斌洲等：《学习优秀与学习不良大学生的学习动机、自我效能和归因的比较》，《健康心理学杂志》2002 年第 1 期。

于海峰：《学习动机内化的理论反思与教育启示》，《东北师大学报：（哲学社会科学版）》2011 年第 6 期。

于森、许燕等：《成就动机与控制动机在中学生心理需要对成就目标影响中的中介作用》，《中国特殊教育》2015 年第 10 期。

喻丹、杨颉：《工科专业本科生学习效果分析——以 S 大学机械工程专业为例》，《复旦教育论坛》2014 年第 2 期。

袁慧、于兆勤等：《新形势下培养提高工科学生工程实践能力的认识与实践》，《高教探索》2007 年第 2 期。

约翰·杜威著、赵祥麟、任钟印、吴志宏译：《学校与社会·明日之学校》，人民教育出版社，2005。

曾志宏：《融入型学习动机和内在学习动机与英语学习策略的关系

研究》，《学术界》2013。

詹逸思、李曼丽等：《工科生的学习动机与自主支持型教育环境之间关系的实证研究——基于某研究型大学四年混合截面数据的分析结果》，《高等工程教育研究》2016 年第 6 期。

张爱卿：《动机论：迈向 21 世纪的动机心理学研究》，华中师范大学出版社，2002。

张传月、黄宗海等：《高师学生学习倦怠现状的调查研究》，《教育探索》2008 年第 2 期。

张宏如、沈烈敏：《学习动机、元认知对学业成就的影响》，《心理科学》2005 年第 1 期。

张宏如：《大学生学习动机研究》，《江苏工业学院学报（社会科学版）》2005 年第 2 期。

张剑、郭德俊：《内部动机与外部动机的关系》，《心理科学进展》2003 年第 5 期。

张剑、张微等：《自我决定理论的发展及研究进展评述》，《北京科技大学学报（社会科学版）》2011 年第 4 期。

张娜：《国内外学习投入及其学校影响因素研究综述》，《心理研究》2012 年第 2 期。

张平、唐芹等：《团体咨询辅导对理工科院校大学生学习倦怠的干预研究》，《四川师范大学学报（自然科学版）》2014 年第 2 期。

张庆宗：《英语学习成败自我归因调查与分析》，《外语与外语教学》2002 年第 7 期。

张向葵、暴占光：《国外自我决定研究述评》，《中国特殊教育》2005 年第 9 期。

赵春鱼、边玉芳：《大学生自我决定问卷结构及信效度分析》，《中国学校卫生》2012 年第 11 期。

赵俊峰、崔冠宇等：《大学生自主学习及其与应对方式的关系》，《教育研究与实验》2006 年第 4 期。

赵庆红、雷蕾等:《学生英语学习需求视角下的大学英语教学》,《外语界》2009 年第 4 期。

赵为民:《大学生学习动机的调查分析》,《青年研究》1994 年第 7 期。

周慈波、王文斌:《大学英语学习者负动机影响因子调查研究》,《中国外语》2012 年第 1 期。

周颖、季晓琴等:《学习自我调节量表中文版的信、效度初步检验》,《中国临床心理学杂志》2014 年第 2 期。

朱丽芳:《大学生学业自我概念、成就目标定向与学习坚持性的关系研究》,《中国临床心理学杂志》2006 年第 2 期。

朱祖德、王静琼等:《大学生自主学习量表的编制》,《心理发展与教育》2005 年第 3 期。

邹晓东、姚威等:《基于设计的工程教育（DBL）模式创新》,《高等工程教育研究》2017 年第 1 期。

Aizpun, M. and D. Sandino, et al., Developing students'aptitudes through University-Industry collaboration. Ingenieria E Investigacion, 2015, 35 (3).

Ames, C. Classrooms: Goals, structures, and student motivation. Journal of educational psychology, 1992, 3 (84).

Aroca, R. V. and F. Y. Watanabe, et al., Mobile Robotics Integration in Introductory Undergraduate Engineering Courses. Proceedings of 13TH Latin American Robotics Symposium and 4th Brazilian Symposium on Robotics-Lars/Sbr 2016.

Aronson, J. and C. B. Fried, et al., Reducing the effects of stereotype threat on African American college students by shaping theories of intelligence. Journal of Experimental Social Psychology, 2002, 38.

Bandura, A. Self-efficacy: The exercise of control. New York, Freeman, 1997.

Bar-Tal, D. and I. Frieze. Attributions of success and failure for actors and observers. Journal of Research in Personality, 1976, 10.

Bessette, A. and B. Morkos, et al. Motivational Differences between Senior and Freshman Engineering Design Students: A Multi-Institution Study, 2016.

Black, A. E. and E. L. Deci. The Effects of Instructors'Autonomy Support and Students' Autonomous Motivation on Learning Organic Chemistry: A Self-Determination Theory Perspective. Science Education, 2000, 6 (84).

Braghirolli, L. F. and J. L. Duarte Ribeiro, et al., Benefits of educational games as an introductory activity in industrial engineering education. " Computers in Human Behavior, 2016, 58.

C, C. and C. Y, et al., Towards an explanatory and computational theory of scientific discovery. Journal of Informetrics, 2009, 3 (3).

Cohen, G. L. and J. Garcia, et al., Reducing the racial achievement gap: A social-psychological intervention. " Science, 2006, 313.

College, O., Course Catalog, 2009-10.

Connell, J. P. and J. G. Wellborn., Competence, autonomy and relatedness: A motivational analysis of self-system processes. Journal of Personality & Social Psychology, 1991, 65.

Cueva, C. An achievement motivation program for young minority students utilizing cognitive-behavioral techniques (Unpublished doctoral dissertation). Texas A&M, 2006.

Deci, E. Intrinsic Motivation. New York, Plenum Press, 1975.

Deci. E. and H. Eghrari, et al., Facilitating internalization: the self-determination theory perspective. Journou of personality, 1994. 62 (1).

Deci, E. and R. Ryan. Intrinsic Motivation and Self-Determination in Human Behavior. New York, Pantheon, 1985.

Dekkers, A. and P. Howard, et al. , Strategies to remove barriers and increase motivation to use the tablet PC in formative assessment. International Journal of Quality Assurance in Engineering and Technology Education, 2015, 4 (3) .

Deresiewicz, W. Excellent sheep: the miseducation of the American elite and the way to a meaningful life. New York, NY, 2014.

Drake, J. K. and P. Jordan, et al. , Academic advising approaches: Strategies that teach students to make the most of college. San Francico, CA, Jossey-Bass, 2013.

Drake, J. K. and P. Jordan, et al. , Academic advising approaches: Strategies that teach students to make the most of college. San Francico, CA, Jossey-Bass, 2013.

Duarte, M. and C. Leite, et al. , The effect of curricular activities on learner autonomy: the perspective of undergraduate mechanical engineering students. European Journal of Engineering Education, 2016, 41 (1) .

Dweck, C. S. and E. L. Leggett. A social-cognitive approach to motivation and personality. Psychological Review, 1998, 2 (95) .

Dörnyei, Z. and E. Ushioda. Teaching and researching motivation, Pearson Education, 2011.

Elig, T. and I. Frieze. Measuring causal attibutions for success and failure. Journal of Personality & Social Psychology, 1979, 37.

Eric Mazwr. Peer Instruction A User's Manual. New Jersey, Prentice Hall, 1997.

Fordyce, M. W. "A program to increase happiness: Further studies. " Journal of Counseling Psychology, 1983, (30) .

Greenstein, T. Behavior change through value self-confrontation: A field experiment. Journal of Personality and Social Psychology, 1976, 34.

Grolnic, W. S. and R. M. Ryan. Autonomy in children's learning: An experimental and individual difference investigation, 1987, 52: 890-898.

Guthrie, J. T. and A. Wigfield, et al. , Influences of stimulating tasks on reading motivation and comprehension. Journal of Education Research, 2006, 99.

Hayamizu, T. Between intrinsic and extrinsic motivation: Examination of reasons for academic study based on the theory of internalization, Japanese Psychological Research, 1997, 39.

Hieb, J. L. and K. B. Lyle, et al. Predicting performance in a first engineering calculus course: implications for interventions. International Journal of Mathematical Education in Science and Technology, 2015, 46 (1) .

Hopewell, S. and S. McDonald, et al. Grey literature in meta-analyses of randomized trials of health care interventions. Cochrane Database of Systematic Reviews, 2007, 2.

Hoyert, M. S. and C. D. O'Dell. A brief intervention to aid struggling students: A case of too much motivation? Journal of Scholarship of Teaching and Learning, 2006, 1 (6) .

Huberman, A. and M. Miles. , Qualitative data analysis: an expanded sourcebook. Thousand Oaks, Sage Publications Inc, 1994.

Hulleman, C. S. and J. M. Harackiewicz, Promoting interest and performance in high school science classes. 2009, Science (326) .

Jin-Ho, L. Case Study of Creativity Education through Engineering Humanities Department Students Cooperative Learning. A Journal of Brand Design Association of Korea, 2016, 14 (2) .

Kember, D. and A. Ho, et al. Initial motivational orientation of students enrolling in undergraduate degrees. Studies in Higher Education, 2010, 35 (3) .

Kim, E. and L. Rothrock. , et al. The Effects of Gamification on Engineering Lab Activities. Frontiers in Education Conference, (2016) .

L. , D. E. and R. M. Ryan, The support of autonomy and the control of behavior. 1987, 53（6）.

Mazur, E. , Peer Instruction: A User's Manual. Uppr Saddle River, NJ, Prentice-Hall, 1997.

Miserandino, M, Children who do well in school: individual differences in perceived competence and autonomy in above-average children. Journal of Education Psychology, 1996, 88.

Morisano, D. and J. B. Hirsh, et al. Setting, elaborating, and reflecting on personal goals improves academic performance. Journal of Applied Psychology, 2010, 95.

Oyserman, D. and D. Bybee, et al. Possible selves and academic outcomes: How and when possible selves impel action. Journal of Personality and Social Psychology, 2006, 91.

Pintrich, P. R. and E. V. De Groot, Motivational and self-regulated learning components of classroom academic performance. Journal of educational psycholog, 1990, 1（82）.

Pugh, K. J, Supporting deep engagement: The teaching for transformative experience in science（TTES）model, 2014.

Ramirez, G. and S. L. Beilock, Writing about testing worries boosts exam performance in the classroom, Science, 2011（331）.

Reeve, J. , Self-determination theory applied to educational settings, University of Rochester Press, 2002.

Ryan, R. M. Psychological needs and the facilitation of integrative processes, Joural of Personality, 1995, 63（3）.

Ryan, R. M. and J. D. Stiller, et al. , Representations of Relationships to teacher Parents, and friends as Predictors of Academic Motivation and self-Esteem, The Journal of Eanly Adolescence, 1994, 14（2）.

Ryan, R. M. and E. L. Deci, Intrinsic and extrinsic motivations: Classic definitions and new directions, Contemporary Educational Psychology, 2000, 25 (1).

Ryan, R. M. and E. L. Deci, Self-determination theory and the facilitation of intrinsic motivation, social development, and well-being, American Psychologist, 2000, 55 (1).

Schunk, D. H. and J. R. Meece, et al., Motivation in education: Theory, research, and applications, Pearson Higher Education, 2012.

Schunk, D. H. and P. D. Cox, Strategy training and attributional feedback with learning disabled students. the American Educational Research Association. San Francisco, CA, 1986.

Strauss, A. and J. Corbin, Basics of Qualitative Research: Grounded Theory Procedures and Techniques. Newbury Park, Sage, 1990.

Sundaram, R., Engage and Educate: Engineering Laboratory Activities for First-Year Engineering Students. Frontiers in Education Conference, 2016.

Vallerand, R. J. and R. Bissonnette, Intrinsic, extrinsic, and amotivational styles as predictors of behavior: A prospective study, Journal of prsonality, 1992, 60.

Vansteenkiste, M. and J. Simons, et al., Examining the motivational impact of intrinsic versus extrinsic goal framing and autonomy-supportive versus internally controlling communication style on early adolescents' academic achievement, Child Development, 2005, 76.

Vansteenkiste, M. and J. Simons, et al., Motivating Learning, Performance, and Persisitence: The Synergistic Effects of Intrinsic Goal Contents and Autonomy-Supportive Contexts, Journal of Personality and Social Psychology, 2004, 2 (87).

Walton, G. M. and G. L. Cohen, A brief social-belonging intervention improves academic and health outcomes of minority students, 2011, 331.

Weiner, B., An attributional theory of achievement motivation and emotion, Psychological Review, 1985, 92.

Wigfield, A. and J. S. Eccles, Expectancy-value theory of achievement motivation, Contemporary educational psychology, 2000, 25 (1) .

Williams, G. C. and E. L. Deci, Internalization of biopsychosociol Values by medical studewts: a test of seif-determination theory. Jowral of personatity and social Psychology, 1996, 70 (4) .

Wilson, T. D. and P. W. Linville, Improving the performance of college freshmen with attributional techniques, Journal of Personality and social Psychology, 1985, 49.

Yerkes, R. and J. Dodson, The relation of strength of stimulus to rapidity of habit-formation, Journal of Comparative Neurology & Psychology, 1908, 18.

Yerkes, R. and J. Dodson. The relation of strength of stimulus to rapidity of habit-formation. Journal of Comparative Neurology &Psychology, 1908, 18.

Zimmerman, B. J., Self-regulated learning and academic achievement: An overviewEducational Psychologist, 1990, 1 (25) .

致　谢

衷心地向李曼丽教授和张羽副教授致敬，感谢两位导师对我的博士论文研究的悉心指导。导师于我，似燕燕翻飞，孵之育之，师恩难忘。

衷心感谢王孙禺教授富有远见的提议，将有关工程教育研究的博士论文札合出版丛书，勉励青年学者与学术同行切磋、交流、成长。

衷心感谢中国工程院咨询研究项目《我国工程科技人才通识教育发展战略研究》课题（课题号：2018-XY-48）的经费支持拙作出版。

附　录

附录1　T大学生基础调研问卷（部分题项）

1. 性别：①男　　　　　　②女

2. 民族：①汉族　　　　②少数民族

3. 院系：

4. 年级：①大一　　②大二　　③大三　　④大四　　⑤大五

5. 政治面貌：①中共党员（含预备党员）　　②共青团员

　　　　　　③民主党派成员　　　　　④群众

6. 上大学前，你的家庭居住地在　　　　　　省/直辖市/自治区/特别行政区

7. 上大学前，你的家庭所在地是：

①港澳台　　　　　②北京、上海、广州

③除北、上、广以外的直辖市/省会城市/副省级城市

④地级城市　　　　⑤县城　　　　　　⑥农村

8. 你毕业的高中类型为：

①全国重点中学　　②省级重点中学　　③地市级重点中学

④县级重点中学　　⑤非重点中学　　　⑥其他

9. 你的生源类型是：

①统招生　　②国防生　　③定向生　　④文体特长生

⑤自主招生　　⑥保送生

10. 你的家庭年收入是：　　　　　　　万元/年

11. 你是否有以下宗教信仰：

①佛教　　②道教　　③伊斯兰教　　④天主教　　⑤基督教

⑥无宗教信仰　　⑦其他

12. 你父母的文化程度是：

	父 ▼	母 ▼
没上过学	□	□
小学毕业	□	□
初中毕业	□	□
高中/中专/技校毕业	□	□
大专毕业	□	□
本科毕业	□	□
硕士毕业	□	□
博士毕业	□	□
其它_____	□	□

13. 你父母的职业情况是：

	父 ▼	母 ▼
国家机关、党群组织、企事业单位负责人	□	□
办事人员和管理人员	□	□
各类专业技术人员	□	□
商业工作人员	□	□
服务性工作人员	□	□
农林牧渔劳动者	□	□
生产工人、运输工人和有关人员	□	□
不便分类的其他劳动者	□	□

14. 本学年，下列哪些是促使你学习的主要因素？

	同意	比较同意	不太同意	不同意
A. 对知识的兴趣	①	②	③	④
B. 对自我的挑战	①	②	③	④
C. 对国家和社会的使命感与责任感	①	②	③	④
D. 就业的需要	①	②	③	④
E. 升学的需要（如推研、出国）	①	②	③	④
F. 父母的期望	①	②	③	④
G. 学校氛围和同学的影响	①	②	③	④
H. 其他_____	①	②	③	④

15. 本学年，你平均每周在下列事项上花费的时间约为：

	7 小时及以内	7~21（含）小时	21~35（含）小时	35 小时以上
A. 上课（包括实验课和习题课）	①	②	③	④
B. 课程相关学习（包括阅读、作业等）	①	②	③	④
C. 学术活动（实验室工作、参加科技竞赛等）	①	②	③	④

16. 本学年，你以下学习行为的频率是：

	很经常	经常	有时	从未
A. 课前预习	①	②	③	④
B. 课上与老师及同学交流	①	②	③	④
C. 课上做笔记	①	②	③	④

D. 课后与同学讨论相关课程问题　　①　　②　　③　　④

E. 课下与相关课程教师讨论　　①　　②　　③　　④

F. 课后复习　　①　　②　　③　　④

G. 参加小组合作学习　　①　　②　　③　　④

H. 帮助其他同学学习　　①　　②　　③　　④

I. 去图书馆借书　　①　　②　　③　　④

J. 参加校外学习、培训等（如新东方）　　①　　②　　③　　④

17. 本学年，遇到学业方面的困难时，你的解决途径是：

	很经常	经常	有时	从未
A. 自己解决	①	②	③	④
B. 与同学讨论	①	②	③	④
C. 咨询相关课程老师	①	②	③	④
D. 咨询班主任	①	②	③	④
E. 咨询辅导员	①	②	③	④
F. 寻求其他机构（如学习与发展指导中心）的帮助	①	②	③	④
G. 不解决	①	②	③	④
H. 其他	①	②	③	④

18. 本学年，你与下列对象进行交流的频率为：

	很经常	经常	有时	从未
A. 宿舍同学	①	②	③	④
B. 班内同学	①	②	③	④
C. 社团同学	①	②	③	④
D. 校外好友	①	②	③	④
E. 恋人	①	②	③	④

F. 家人	①	②	③	④
G. 实验室/课题组同学	①	②	③	④
H. 辅导员	①	②	③	④
I. 班主任	①	②	③	④
J. 任课老师	①	②	③	④
K. 学校部门（如教务处）/院系（如教学办公室）老师	①	②	③	④

19. 与你同专业的同学相比，你上学期的成绩属于：

①排名前 5%　　②排名前 5%~20%　　③排名前 20%~50%

④排名前 50%~80%　　⑤排名后 20%

附录 2　T 大学生学习与发展中心一对一咨询效果评估问卷

目标 Goal	我和咨询师对咨询目标的看法是一致的	非常同意	一般	不同意
知识 Knowledge	对自己有新的认识	非常同意	一般	不同意
	对如何解决面临的问题有了新的思路	非常同意	一般	不同意
	了解到有关这一问题的政策信息与知识	非常同意	一般	不同意
	我很清楚接下来需要干什么	非常同意	一般	不同意
能力 Skills	我掌握了认识自己的方法	非常同意	一般	不同意
	我掌握了如何获取更多信息的方法	非常同意	一般	不同意
	我掌握了如何提升自身能力的方法	非常同意	一般	不同意
态度 Attitude	我意识到要对自己的学习与发展负责	非常同意	一般	不同意
	我将尝试将咨询中的收获应用于生活中	非常同意	一般	不同意
	通过本次咨询，让我对解决问题更有信心了	非常同意	一般	不同意
	我喜欢我的咨询师，下次还会来预约咨询	非常同意	一般	不同意
总评	请为本次咨询打分（百分制，100 分为问题得到全部解决、非常满意；0 分为问题没有得到解决、不满意）			

附录3　质的研究第二轮数据收集
访谈提纲与记录表

姓名_____专业_____性别_____

问题	观点记录	肢体语言	备注
1. 什么时候想要学工科的？这个决定是如何做出来的呢？			
2. 为了上得上工科专业做了哪些努力呢？			
3. 大学的学习情况怎么样？			
4. 进入大学学习的劲头和信念有什么变化呢？			
5. 哪时会劲头足一些？那时会懈怠一些呢？			
6. 你觉得学校有哪些地方能够支持到从而让你有更愉快的学习体验？			
7. 临近毕业你现在是什么状态呢？			
8. 有什么你想跟学习工科的师弟师妹们说的呢？			
9. 有一项调研显示工科生为了自我挑战的学习动机显著低于文科生，你相信这个结论吗？你觉得背后的原因是什么呢？			
10. 有一项调研显示T工科生为了社会与国家的责任感与使命感的学习动机显著低于文科生，你相信这个结论吗？你觉得背后的原因是什么呢？			

附录4　质的研究保密协定与授权约定

保密协定

T大工科生学习动机与激发策略课题组，于2017年____月____日____时，访谈_____女士/先生，所得访谈资料将仅作为学术研究之用，不作为其他用途。如若课题报告和相关论文引用本访谈内容，将隐去受访者真实姓名、工作单位等信息，均以化名代号称之。

签署人：_____

签署日期：____年____月____日

授权约定

本人_____，于 2017 年____月____日____时，接受 T 大工科生学习动机与激发策略课题组访谈，访谈所得内容，愿意提供予学术研究之用，同意在课题报告和相关论文中引用访谈中内容，但不得泄露本人真实姓名、工作单位等信息，访谈内容不作为非学术研究之用。

签署人：_____

签署日期：____年____月____日

附录 5　调研美国加州伯克利大学日程安排

-DRAFT-

T University, China

October 15, 16, 2013

Delegates：　Yisi Zhan, Assistant Directors of the Center for Student Learning and Development

Shasha Qu, Assistant Director of Undergraduate Financial Aids and Prizes Office,

Student Affairs Department

Tuesday, October 15, 2013

9：00~11：00   Student Learning Center

Location：

3：00~5：00   Layla Naranjo, Director Incentive Awards Program Office

                    of Student Development

Location：   2610 Channing

Wednesday, October 16, 2013

9：00~10：00   Paul Hippolitus, Director of Disabled Students Program

Location：   260 Cesar Chavez Center

11：00~12：00   Tony Mirabelli, Academic Specialist, Tutorial Coordinator,

                    Athletic Study Center

                    Lecturer, Graduate School of Education

Location：   176 Cesar Chavez Student Center

1：00~2：00   Maria DePalma, Assistant Director of Letters & Science

                    Office of Undergraduate

                    Advising

Location：   206 Evans Hall

3：00~4：00   Julian Ledesma, Interim Director of Student Life Advising

                    Services, Educational

                    Opportunity Program

Location：   119 Cesar Chavez Student Center

Campus Contact：

Susan Giesecke

Director of International Protocol

Email: sgiesecke@ berkeley. edu

Phone: 510/664-9017 Cell: 510/610-5992

附录6 Questions for Athletic Study Center of Berkeley

Athletic Students

1. From where you stand, what are the main similarities and differences between athlete students and ordinary students?

2. What are the main learning difficulties for athletic students?

3. In China, athletic students are usually not confident on academic. Is this the same in American?

Center Service Content

4. During the Summer Bridge, how do Berkeley help athletes fit in with the new life at Cal?

5. In the Advising Program, we found that 'knowing and obeying rules of Cal' is the most important premise. I wonder that why rules are so important in this program and how to evaluate it?

6. In the Advising Program, we know that advisor are able to get normal training for their job. What's the main contents of content of this training?

7. Are there any measure to help student athletes fit in life at Cal?

8. In the Tutorial Program, we know that ASC offer a special course to promote athletes achieve academic excellence. What's the main content of this course and how to evaluate it?

Center Administration

9. What is the superior authorities of Athletic Study Center?

10. What is the financial support about one year and where is from?

11. Are there any rules to force the athletes to keep in touch with ASC?

12. Are there any corporation between ASC and professors to manage and evaluate athlete students on their academic performance?

13. How many students to use different kinds of service every year and what kind of service they like most?

14. How many students get an academic degree with the help of Degree Completion Program

15. How to evaluate service and tutoring effect?

附录 7 Questions for Disabled Students Program

Disabled Students in Berkeley

1. In China, people usually don't believe that T students will be learning disabled, because they think if they are learning disabled, they can't get admitted. So I want to know how many and what kind of disabled students in Berkeley?

2. How to assess learning disabilities, such as attention-deficit disorder?

3. Who can do assessment of disabled students?

Disabled Students Program

4. What are the services the Disabled Students Program is offering?

5. Is there any individual specific tutoring? If have, what's the characteristic?

Program Administration

6. What is the superior authorities of Disabled Students Program?

7. What is the financial support about one year and where is from?

8. How many students to use different kinds of service every year and what kind of service they like most?

9. How to evaluate service's effect?

附录 8　Questions for Leadership Center

1. Leadership at Berkeley

What are the most important aspects of student leadership?

What are the services the LEAD is offering?

Is there any individual specific training?

What are the goals of student leadership?

2. CAL DEBATE team

We notice that LEAD supports the CAL DEBATE team. What kind of support do you offer?

Why do you support a debate team?

How the CAL DEBATE team can help students to excel?

3. Fraternity and sorority system

How many fraternities and sororities are there at Berkeley?

What are percentage student joining the fraternities? What are the traditions of fraternities at Berkeley?

What distinguishes fraternities?

Why do students join fraternities?

What are the characteristics of CAL GREEKS?

附录 9　Questions for Letters & Science Office of Undergraduate Advising

Advising Administration

1. What is the superior authorities of Letters & Science Office of Undergraduate Advising?

2. What is the financial support about one year and where is from?

3. How many there are different types of advisor? What is specific duty

for different kinds of academic advisors and counselor in Berkeley? (faculty advisor, Academic advisor, Academic counselor, student advisor)

4. How to stimulate academic advisors, especially for faculty adviser from different majors?

5. Besides internet information, how to advertise academic advising in different ways, such as Leaflet or gift? Could you show us?

Academic Advising content

6. Besides counseling, do academic advisers have responsibility of doing research or give workshop?

7. Besides "step by step" tool "Finding your way program", is there any other guide to preparing for graduate school for Berkeley undergraduates in Science and Engineering?

8. How do you help students to know more about different majors?

9. What's the difference between Reading and Composition Courses and writing course/ workshop from learning center?

10. Reading and Composition Courses is required course for every Berkeley students? The lecturer is faculty or professional staff or adviser?

11. How many students drop out per year in average? How many of them because of academic performance disqualification?

12. Is there any method to find out students who might drop out?

13. What is detail content about "Save Your Semester" workshop and workshop for probation students?

14. What are the main problems undergraduate student want to solve through academic advising in Berkeley? What's the difference between Chinese and American?

Advising effect

15. How many students to use different kinds of academic adviser service every year and what kind of service they like most?

16. How to evaluate academic advising effect, especially for faculty advisor and student advisor, they always very busy for their research and study?

By the way, we also want to visit advising room and take some photos if it is possible. Thanks so much!

附录 10　Questions for Residence Hall Academic Centers in Berkeley

1. What is the superior authorities of office of student development, Student affairs office?

2. How many students live in residence hall?

3. How many students to use different subjects' tutoring and mentoring service every year and what kind of service they like most?

4. How to evaluate the effect of touring, mentoring and study group?

5. How to stimulate the tutors?

6. Who will give tutoring in the Residence Halls, peer tutor? What is the style they give tutoring, Adjunct, Study Group, Review, or Drop-In?

7. Compare to SLC tutoring, what's the difference?

8. What means level 3 (The Academic Services Tutoring Program is certified at Level 3 by the College Reading and Learning Association's International Tutor Training Program Certification.) What is certification's standard?

附录 11　Questions for Student Learning Center in Berkeley

Services of SLC

1. How many kinds of tutoring services in SLC? What are their specific

contents and pedagogy? What's the relationship among them? Compare to faculty courses, what are their advantages?

2. Why and how to support study group for research methods courses.

3. What are the difference between Upper Division Research Writing Workshop and lower division? Compare the writing program, what's this kind of workshop advantages.

4. What are the details about Adjunct Courses, the frequency and contents? The difference between formal course and exercise class which give by TA?

5. How to support undergraduates in Arts & Humanities and Social Sciences in SLC?

Administration of SLC

6. What is SLC's superior authority, Student affairs office?

7. Besides 250 tutors and instructors, and 20 professional staff, are there any other people to offer tutoring service? What are their specific responsibilities and qualifications?

8. What means undergraduate course facilitator, why they are different from TA?

9. How much financial support of SLC per year? Where is it come from?

10. What's the relationship between SLC and faculty who offer courses? Do they like the tutoring about their course and why?

11. The center has over 250 tutors and instructors, and 20 professional staff. How to promote their professional development and stimulate they do better?

12. What's the training topics for peer tutors and mentors?

13. What the differences responsibility between college writing program and learning center?

Effect of SLC

14. How to evaluate the effect of touring, mentoring and study group?

15. How many students use different subjects'tutoring and mentoring service every year and what kind of service they like most?

16. How many students like to join in the group study per semester? What are advantages to compare the drop-in tutoring?

附录 12　Questions for Student Life Advising Services

EOP Administration

1. What is the superior authorities of EOP, Student affair office?

2. What is the financial support about one year and where is from?

3. How many there are different types of advisor or counselor? What the difference between Academic Counselor and adviser in the EOP?

4. How to stimulate academic advisors or counselors?

EOP Content

5. From where you stand, what are the main similarities and differences between EOP's students and ordinary students?

6. What are the main learning difficulties for them?

7. What are the services the EOP is offering?

8. How the EOP team can help students to excel?

9. Can Chinese student apply EOP?

10. Besides financial aid, T will begin to support students who from poor family through education program, what's your suggestions?

EOP effect

11. How many students to use different kinds of EOP's service every year and what kind of service they like most?

12. How to evaluate EOP's service effect?

附录 13 Questions of Undergraduate Academic Advising System for Standford

Advising Administration

1. What is the Whole organization structure of Undergraduate Advising? Are there professional advisors in different college or department?

2. Besides pre-major advisors and academic directors, are there others to offer academic advising, such as peer advisors? How many advisors in each team now? What are their specific responsibilities and qualifications?

3. What is the financial support about one year and where is from?

4. How to stimulate academic advisors, especially for faculty and alumina adviser from different majors?

5. How to promote their professional development and stimulate they do better?

6. Besides internet information, how to advertise academic advising in different ways, such as Leaflet or gift? Could you show us?

7. Are there administrative regulations document about academic advising? Could you show us?

Academic Advising content

8. Besides counseling, do academic director have responsibility of doing research or give workshop?

9. What are common learning difficulties and questions of freshmen in Stanford? Is there any special advising program to support them? What's the most difficult things when you help freshmen?

10. How do you help students to know more about different majors?

11. How many students drop out per year in average? How many of them because of academic performance disqualification?

12. Is there any method to find out students who might drop out?

13. Is there any successful program for improving probation students' academic performance?

14. What are the main problems undergraduate student want to solve through academic advising?

Advising effect

15. How many students to use different kinds of academic adviser service every year and what kind of service they like most?

16. How to evaluate academic advising effect, especially for faculty advisor and student advisor, they always very busy for their research and study?

17. What's criterion of undergraduates'academic advising program?

图书在版编目（CIP）数据

工科生学习动机研究／詹逸思著. -- 北京：社会
科学文献出版社，2019.6
（清华工程教育）
ISBN 978-7-5201-4178-9

Ⅰ.①工…　Ⅱ.①詹…　Ⅲ.①工科（教育）-大学生-
学习动机-研究　Ⅳ.①G442

中国版本图书馆 CIP 数据核字（2019）第 017082 号

·清华工程教育·
工科生学习动机研究

著　　者／詹逸思

出 版 人／谢寿光
责任编辑／范　迎

出　　版／社会科学文献出版社·人文分社（010）59367215
　　　　　地址：北京市北三环中路甲 29 号院华龙大厦　邮编：100029
　　　　　网址：www. ssap. com. cn
发　　行／市场营销中心（010）59367081　59367083
印　　装／三河市尚艺印装有限公司

规　　格／开　本：787mm×1092mm　1/16
　　　　　印　张：14.25　字　数：191 千字
版　　次／2019 年 6 月第 1 版　2019 年 6 月第 1 次印刷
书　　号／ISBN 978-7-5201-4178-9
定　　价／89.00 元

本书如有印装质量问题，请与读者服务中心（010-59367028）联系